JN433033

상업교육론

COMMERCIAL
EDUCATION

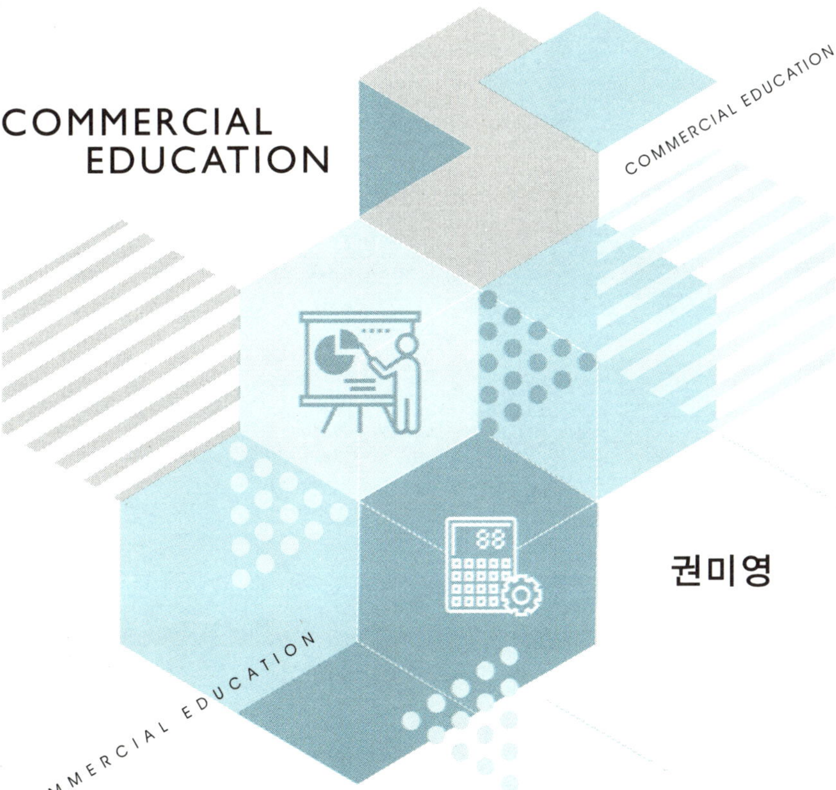

권미영

도서출판
청람

머리말

직업계 고등학교는 마이스터고와 특성화 고등학교 및 일반계 고등학교에서 취업을 위하여 직업반을 운영하는 학교를 의미한다. 직업계 고등학교에서는 상업교육과정을 운영하고 있으며 다양한 상업교과목을 교육하고 있다. 대학에서 상업교직을 이수하는 학생들은 상업관련 교과를 지도할 수 있는 교재가 충분하지 않은 것이 현실이다. 이에 직업계 고등학교의 특수한 점을 이해하고 상업교과를 잘 지도할 수 있는 적합한 교재작업을 해야 하는 절실함이 있었다.

일반고와 직업계 고등학교는 설립목적이 다르다. 일반고는 주로 진학을 우선으로 하지만 직업계 고등학교는 취업을 일차적인 목적으로 한다. 이러한 직업계 고등학교에 적합하게 교육과정을 편성하고 효과적으로 교육하기 위해서는 상업교육의 이론과 실제를 이해하여야 한다. 일반 교육학 교재는 각 과목에 접목할 수 있는 통합적 이론을 중심으로 구성되어 있으므로 상업교육을 지도하기에는 어려움이 있다. 이에 따라 직업계 고등학교의 교육과정을 전반적으로 이해하고 상업교과를 특성화 고등학교에 적합하게 적용하고 지도할 수 있는 교재를 구성해보기로 하였다.

이 책은 총 7장으로 구성되어 있다. 제1장에서는 교과교육의 본질을 살펴보았다. 교과교육의 의미와 교과의 의미, 분류, 발달의 단계로 이론적 틀을 살펴보았다. 제2장에서는 상업교과의 본질과 상업교육의 개념과 목적, 변화과정, 현황 등을 살펴보고 기존 교과에 비해 직업계 고등학교에서 다루어야 하는 교과의 다른 점을 알아보고자 하였다. 제3장에서는 교과내용의 선정 및 조직의 원리를 일반원리, 논리적, 심리적, 수준별 조직원리를 이론으로 구성하였다. 제4장에서는 교과교육에서의 교수학습방법을 살펴보았다. 강의법, 탐구식 수업, 토의식 수업, 시뮬레이션, 역할놀이, 시범, 논술교육을 상업교과에서 어떻게 적용할 수 있는지 그 방법을 알 수 있도록 이론적인 정리를 하였다. 제5장에서는 교과교육의 평가의 의미 및 유형, 평가문항의 제작, 평가도구의 조건, 수행평가 등을 살펴보고, 특히 제6장에서는 체험식 경제교과의 수행평가방안을 구체적으로 제시하였다. 제7장에서는 수업전략의 방안을 살펴보아 수업설계의 방법, 교수–학습과정, 수업매체를 활용할 수 있는 방안을 소개하였다. 마지막 사례에서는 직업계 고등학교의 현황을 제시하여 교과를 운영하는 데 있어서 현실적인 접근을 할 수 있도록 하였다.

이 책을 통하여 상업교직을 전공하는 학생들에게 상업교육을 이해하고 지도하는 데 도움을 주고자 한다. 물론 책의 구성과 내용에 부족한 점이 많다는 것을 자인하지 않을 수 없다. 이는 향후 지속적인 보완과 수정을 통해서 바로잡을 것이며 이 책이 상업교육 분야에 나름 기여할 수 있기를 바란다. 많은 조언과 지적을 기대하면서 보다 나은 내용으로 본서가 진일보하기 위해 노력할 것이다.

2019년 6월

저자 씀

차례

Chapter 01 | 교과교육의 본질

Chapter 03 | 교과내용의 선정 및 조직

Chapter 04 | 교과교육에서의 교수학습방법

Chapter 05 | 교과교육의 평가

Chapter 07 | 수업전략

CHAPTER 01

교과교육의 본질

제1절 | 교과교육의 의미

제2절 | 교과의 의미

제3절 | 교과의 분류

제4절 | 교과의 발달

제1절 교과교육의 의미

학교교육에서 가장 많은 시간과 노력을 투입하는 것은 교과교육 활동이며 학교교육은 곧 교과교육이라고 해도 될 정도로 교과교육이 학교교육에 미치는 비중은 크다고 해도 과언이 아니다.

현재 학교는 교과교육을 통하여 학교교육을 이루려고 하기 때문에 교과교육의 목적을 이해하고 교과교육을 하나의 탐구 영역으로 보아야 한다.

교과교육이란 학교가 국어, 도덕, 수학, 사회, 과학 등의 교과를 가르치는 활동을 말한다. 학교는 이들 교과교육을 통하여 학교교육의 목표나 바람직한 인간의 형성, 이상사회의 건설 등을 실현하고자 한다.

교과교육이란 학교의 교육활동 중에서 생활지도나 특별활동과는 구분되는 부분을 말한다. 우리나라의 교과교육은 교육과정령에 의해서 특별히 지정된 교과를 지정된 시간 수만큼 이수하도록 하는 교육활동이라고 말할 수 있다(김경배 외 2인, 2005).

교과교육의 성격은 다음과 같이 규정할 수 있다(진영은 · 조인진, 2001).

첫째, 교과교육은 종합적인 성격을 가진다. 해당 교과 또는 학문과 교육과학과의 접점에서 이루어지는 학문이기 때문에 형식 그 자체면에서 본다면 복합적 또는 이중적인 성격을 지니고 있다. 이는 전문적인 지식과 이론을 요구한다고 볼 수 있다.

둘째, 교과교육은 독창적인 성격을 가진다. 교과교육이 형성되는 형식적인 차원에서 보면 복합적인 성격을 띠지만, 해당 교과나 학문과 교육과학이 학문적인 교류를 거쳐 많은 진통을 겪으면서 형성되기 때문에 교과교육 그 자체는 독창성을 가진 학문이라고 할 수 있다.

셋째, 교과교육은 실용적이며 실천적인 성격을 지닌다. 교육현장은 고도의 조건통제상태에서 이루어지는 것이 아니며 더욱이 이렇게 되어야 한다고 하는 규범 속에서 이루어지는 것도 아니다. 현실적인 차원에서 본다면 교육의 실천 속에서 응용되고 활동되는 실천적이며 응용적인 성격을 지니고 있는 것이다.

이를 종합하여 보면 교과교육은 한 교과의 교육에 관계되는 제 분야를 다루는 종합 응용과학이다. 다시 말하면 교과지식 영역과 그 인접 보조과학 분야와 교육학 영역의 지식을 각 교과의 교육을 중심으로 재구성한 것이다.

제 2 절 교과의 의미

교과란 좁게는 학교에서 가르치고 있는 각 교과서에 담긴 내용을 의미하며 넓게는 각 교과에 대응하는 학문 영역에서 다루는 내용을, 가르칠 수 있고 배울 수 있는 형태로 조직해 놓은 것이라고 볼 수 있다. 이러한 의미에서의 교과는 한 마디로 교사의 입장에서는 학교에서 가르치는 내용을 의미하여 학생 입장에서는 배울 거리를 말한다.

핸더슨(Henderson, 1965)은 교과의 개념으로 세 가지를 들어 설명하였다. 첫째 구체물로서의 교과(subject matter as concreta), 둘째, 관례적 주체의 내용으로서의 교과(subject matter as the content of the conventional subject), 셋째, 지식으로서의 교과(subject matter as knowledge)이다. Henderson의 교과의 개념은 교육내용의 선정과 조직, 학습결과의 평가 등을 수행하는 데 생산적이어야 한다고 생각해서 지식을 인지적 지식(cognitive knowledge)이라는 교과의 개념이 타당하다고 주장하였다.

듀이(Dewey)는 교과는 현재 사회생활의 의미 중에서 전수할 가치가 있는 의미를 구체적으로 자세하게 표현한 것이라고 하였다. 여기서 전수할 가치가 있는 의미라고 하는 것은 바로 각 시대나 사회가 요구하는 것이고 그 요구에 따라서 무엇을 가치 있다고 여기느냐는 서로 달라진다고 하였다.

김수천(1989)은 교육이 무엇인가를 의도적으로 가르치는 활동이라면 교육을 통하여 가르치려는 그 무엇에 해당하는 것, 즉 내용을 교육목적에 따라 선택 조직해 놓은 것이 교과라고 하였다.

김승호(1996)는 가르칠 거리를 몇 개의 영역으로 나누어 놓은 것이라고 하였으며, 김종건(1997)은 교과를 좁게는 학교에서 가르치고 있는 각 교과서에 담겨 있는 내용을 의미하며 넓게는 각 교과에 대응되는 학문 영역에서 다루는 내용을 가르칠 수 있고 배울 수 있는 형태로 조직해 놓은 것이라고 제시하였다.

이돈희(1998)는 교과란 각급 학교의 교육과정에서 수업과 학습을 위한 활동 영역의 단위를 가리키는 것이고 이를 개체적으로 볼 때는 성장의 영역을 범주화한 것으로 성장과 함께 생활 반경이 확대됨에 따라 전체 교과체제의 범역도 확대되며 교과의 조직도 분화된다. 사회적 측면에서 볼 때 교과는 사회구성원들이 입문해야 하는 문화적 범주의 체계라고 설명하고 있다. 따라서 교과는 개인적 측면에서는 경험이라고 할 수 있으며 사회적 문화적 측면에서는 지식인 것으로 간주될 수 있다고 밝히고 있다.

교육과정을 학교교육에서 무엇을 어떻게 가르칠 것인가의 문제를 다루고 있는 만큼 무엇에 해당하는 교육내용, 즉 교과는 교육과정에서 다루는 핵심문제라고 할 수 있다. 또한 현재의 교과는 정치, 사회, 문화, 역사적 조건에 따라 생성, 소멸을 거듭해 왔다. 따라서 교과란 지식이나 경험, 가치 등의 의미 있는 내용을 축적해 놓은 문화유산으로서 전 세대가 이룩해 놓은 아이디어를 가르치고 배우려는 목적에 적합하도록 체계적으로 조직해 놓은 것이며, 학습을 통해 다음 세대로 전달되는 내용이라고 할 수 있다.

제3절 교과의 분류

각각의 학문에는 고유한 논리적 개념과 체계, 그리고 탐구의 방식이 존재하고 학교의 교과는 이것을 기준으로 몇 가지 유형으로 분류할 수 있다. 이러한 기준에 의해서 교과를 비슷한 성격을 가지는 것들로 분류하는 대표적인 학자에 피닉스(Phenix)와 피터스

(Peters), 허스트(Hirst)가 있다. 이 학자들 중 피닉스의 분류를 보면 피닉스는 인간은 그 본성이 의미를 창조하고 표현하는 동물이라고 하였다. 그리고 현재 인간이 가지고 있는 의미는 역사를 통하여 발견하고 창조하고 표현한 의미의 총화라고 하였다. 지금까지는 인간의 본성을 논리적 사고에만 관심을 두어 합리성이라든가 이성 등의 좁은 의미로 규정하여 왔으나 인간이 축적해 온 의미는 감정, 양심, 감상 그리고 이성의 영역에서 제외되는 여러 가지의 사고과정을 포함하는 보다 넓은 의미를 갖는다. 그는 의미를 관조와 성찰, 논리적 원칙, 선택적 정련, 표현 등의 네 가지 특징으로 규정한다. 즉 의미는 인간이 관조와 성찰을 통하여 얻은 경험의 내용을 논리적 원칙에 맞게 조직한 것으로서 학문적 전통에 의하여 점차 선택적으로 정련하여 각각의 적합한 상징적 형식에 의하여 표현한 것이다. 인간의 본성은 이러한 의미를 추구하고 전달하는 데 그 목적이 있으므로 인간의 본성을 실현하기 위한 교육은 마땅히 그 의미들을 내용으로 하여야 한다(이홍우, 1997).

피닉스는 인간이 축적해 놓은 의미들을 학습에 편리하도록 학문의 논리적 구조가 비슷한 것끼리 분류하여 여섯 가지 의미의 영역으로 구분하였다.

첫째, 상징적 의미이다. 의미에 대한 의사소통의 수단이 되는 것이다. 사람이 의미를 다른 사람에게 표현하고 다른 사람에 의해서 표현된 의미를 이해하는 도구로서 만들어낸 기초체제를 포함한다. 이것은 나머지 모든 영역의 의미를 표현하는 수단이 된다는 점에서 기본적인 영역이라고 할 수 있다. 사람들이 일상생활에서 쓰는 언어나 비언어적인 상징의 형태, 즉 표정, 몸짓, 관습, 의식 등과 같은 것이 포함된다.

둘째, 경험적 의미이다. 자연현상이나 사회현상에 관한 사실을 기초로 일반적 법칙과 그 법칙으로 다른 모든 현상을 설명한다. 생물학, 물리학, 화학, 지구과학 등과 같은 자연과학과 정치학, 경제학, 사회학 등의 사회과학 분야가 이에 속한다.

셋째, 심미적 의미이다. 이 영역의 의미는 사람들의 주관적 느낌을 창의적으로 표현한 것으로 문학, 미술, 음악 등이 속한다.

넷째, 관계적 의미이다. 철학, 심리학, 문학, 종교 등이 속하는데 이는 대인 간의 관계에서 파생되는 실존적 자각을 그 내용으로 한다. 사람과 사람과의 만남에서 인관관계에 대한 통찰과 상호 간의 인간적 공감이 이루어진다.

다섯째, 윤리적 의미이다. 이는 도덕적 당위와 그에 따른 행위의 규칙을 따른다. 윤리학과 도덕이 포함된다.

여섯째, 총괄적 의미이다. 종합적이고 통합적인 안목에 대한 분야로서 역사, 종교, 철학 등이 속한다.

피터스와 허스트는 지식의 형식을 인간의 모든 경험과 지식을 각각의 고유한 개념과 진리의 타당성을 입증하기 위한 검증방식에 의해 일곱 가지 형식으로 구분하였다. 형식논리학과 수학, 자연과학, 자신과 다른 사람의 마음에 관한 이해, 도덕적 판단, 미학적 경험, 종교적 주장, 철학적 이해 등으로 구분하였다.

우리나라의 경우 교과를 분류한 것을 살펴보면 제7차 교육과정을 통하여 교과를 구분한 것을 볼 수 있다. 제7차 교육과정은 초등학교 1학년부터 고등학교 1학년까지를 국민공통기본교육기간으로 정하고 이 10년간 배워야 할 교과를 10개의 국민공통기본과목으로

정하고 있다. 이 기간에 해당하는 1학년부터 10학년까지 배워야 하는 국민공통기본교과에는 국어, 도덕, 수학, 사회, 과학, 실과, 체육, 음악, 미술, 영어 등 10개 교과가 있다. 그리고 11학년과 12학년에는 선택 중심의 교육과정을 운영한다. 일반계 고등학교의 선택과목은 일반선택과목과 심화선택과목으로 구분한다. 일반선택과목은 교양 증진 및 실생활과 관련된 과목이며 심화선택과목은 학생의 진로, 적성과 소질을 계발하는 데 도움이 되는 과목들이다. 이 중에서 국민공통기본교육과정에 해당하는 10개의 교과는 다음과 같다(교육부).

1. 국어

한국인의 삶이 배어있는 국어를 창조적으로 사용하는 능력과 태도를 길러 정보화사회에서 정확하고 효과적으로 국어생활을 영위하고 미래 지향적인 민족의식과 건전한 국민정서를 함양하고 국어 발전과 국어문화 창달에 이바지하려는 뜻을 세우기 위한 교과이다.

2. 도덕

학생들이 자신을 이해하고 일상생활에 필요한 규범과 예절을 익히며, 국가와 민족 구성원으로서 그리고 세계사회의 일원으로서 역할과 책임을 파악하여 한국인, 나아가 세계시민으로서 바람직한 삶을 살아가는 데 도움을 주기 위한 교과이다.

3. 사회

사회현상을 올바르게 인식하고, 사회에 관한 지식을 습득하고, 사회생활에 필요한 기능을 익히며, 민주시민 구성원에게 요청되는 가치와 태도를 지님으로써 민주시민으로서의 자질을 육성하려는 교과이다.

4. 수학

수학의 기본적인 개념, 원리, 법칙을 이해하고 사물의 현상을 수학적으로 관찰하여 해석하는 능력을 기르며, 실생활의 여러 가지 문제를 논리적으로 사고하고 합리적으로 해결하는 능력과 태도를 기르는 교과이다.

5. 과학

국민의 기본적인 과학적 소양을 기르기 위하여 자연을 과학적으로 탐구하는 능력과 과학의 기본개념을 습득하고 과학적인 태도를 기르기 위한 과목이다.

6. 실과(기술 및 가정)

실과는 학생의 실천적 경험과 실생활에서의 유용성을 중시하는 교과로서 5~6학년에서는 자신의 일상생활과 가정 일에 필요한 기본적인 소양을 갖추게 하고, 7~10학년에서는 기술 및 산업과 가정생활에 관한 다양한 경험과 진로 탐색의 기회를 주는 교과이다.

7. 체육

움직임 욕구의 실현 및 체육문화의 계승 · 발전이라는 내재적 가치와 체력 및 건강의 유지 · 증진, 정서 순화, 사회적 함양이라는 외재적 가치를 동시에 추구함으로써 인간의 삶의 질을 높이는 데 공헌하는 교과이다.

8. 음악

다양한 악곡을 경험하여 음악개념을 이해하고, 기창, 기악, 창작, 감상의 음악활동을 통하여 창의적인 표현력과 사고력을 길러 음악에 대한 심미적 안목과 바람직한 가치관을 기르는 교과이다.

9. 미술

다양한 미술활동을 통하여 주변 세계의 아름다움을 느끼며 향유할 수 있는 심미적인 태도와 상상력, 창의성, 비판적 사고력을 길러주고 아울러 미술문화를 이해하며 계승·발전시킬 수 있는 능력을 갖춘 전인적 인간을 육성하는 교과이다.

10. 영어

초등학교 영어는 일상생활에서 사용하는 기초적인 영어를 이해하고 표현하는 능력을 길러주는 교과이다. 중등학교 영어는 초등학교에서 배운 영어를 토대로 학생들이 현대 일상 영어를 이해하고 이를 사용할 수 있는 능력을 기름으로써 국제사회와 외국의 문화를 이해하고, 나아가 우리 문화를 발전시켜 국력 신장에 기여할 수 있는 언어적 바탕을 마련하는 데 역점을 둔다.

제 4 절 교과의 발달

현재 우리가 가르치고 있는 교과는 서양 선교사들에 의해서 시작된 것이다. 이들은 서구식의 새로운 교과를 도입하였는데 이들 교과는 고대 그리스와 중세, 근대 유럽의 전통에서 나온 것들이다.

해방 후 대한민국 정부가 수립되고 현재까지 우리의 학교에서 가르쳐온 교과들과 주당 수업시간 수를 중학교 기준으로 살펴보면 다음과 같다(김대현, 1994; 1997).

1. 긴급조치기(1945~1946년)

해방 후 긴급조치기의 중학교 교과편제와 주당 시간 수를 살펴보면 다음과 같다. 공민(2), 국어(5~7), 지리 · 역사(3~4), 수학(2~4), 물리 · 화학 · 생물(3~5), 영어(4~5), 체육(2~3), 음악(1~2), 습자(0~1), 도화(0~1), 실업(1~3) 등이다. 가사(2~4), 재봉(2~4), 수예(1) 등은 여학생들에게만 가르쳤다(괄호 안의 숫자는 주당 시간 수).

2. 교수요목기(1946~1954년)

국어(5), 사회생활(5), 수학(5), 과학(5), 체육 · 보건(5), 실과(2), 음악(2) 등을 필수과목으로 가르쳤고, 미술(1~2), 외국어(5), 수공(1~2), 실업(0~10) 등은 선택으로 가르쳤다.

3. 제1차 교육과정(1954~1963년)

최초로 우리의 정보에 의해서 만들어진 교육과정이다. 이때의 교육과정은 교과 중심 교육과정이었다. 국어(4), 수학(4), 사회생활(5), 과학(4), 체육(2), 음악(2), 미술(2), 실업 · 가정(5), 외국어(3~5) 등을 가르쳤다.

4. 제2차 교육과정(1963~1973년)

이때의 교육과정은 경험 중심 교육과정에 근거한다. 국어(5~6), 수학(3~4), 사회(3~4), 과학(3~4), 체육(3~4), 음악(2), 미술(2), 실업 · 가정(4~5), 외국어(3~5) 등의 교과가 있었다.

5. 제3차 교육과정(1973~1981년)

1968년 선포된 국민교육헌장의 이념을 실현하고 학문 중심 교육과정으로의 변화를 시도한 교육과정이었다. 이때의 교과에서의 변화는 도덕교과가 새롭게 채택되었으며 국사를 사회교과에서 분리하였고, 한문 역시 국어에서 분리하였다. 일본어가 1974년 고등학교의 제2외국어로 추가되었다.

도덕(2), 국어(4~5), 국사(2), 사회(2~3), 수학(3~4), 과학(3~4), 체육(3), 음악(1~2), 미술(1~2), 한문(1~2), 외국어(2~5), 실업 · 가정(3) 등의 교과를 가르쳤다.

6. 제4차 교육과정(1981~1987년)

특정의 교육과정이론을 따르지 않고 모든 교육과정이론을 종합하여 이론적인 토대로 삼고 있었다. 이때의 가장 두드러진 특징은 초등학교 1, 2학년에서 바른생활, 슬기로운 생활, 즐거운 생활 등의 통합교과의 신설이다. 도덕(2), 국어(4~5), 국사(2), 사회(2~3), 수학(3~4), 과학(3~4), 체육(3), 음악(1~2), 미술(1~2), 한문(1~2), 외국어(3~5), 기술 · 가정(6) 등의 교과가 있었다.

7. 제5차 교육과정(1987~1992년)

필요한 부분에서만 개정을 실시한 소폭적인 교육과정 개정이 이루어졌다. 초등학교에서 통합교과에 포함되었던 국어와 수학을 분리하여 독립된 교과로 채택하였다. 중학교에서는 1989년에 기술과 가정을 가정 · 기술의 통합교과로 만들었다. 도덕(2), 국어(4~5), 국사(2), 사회(2~3), 과학(3~4), 체육(3), 음악(1~2), 미술(1~2), 한문(1~2), 외국어(3~5), 기술 · 가정(3~6) 등의 교과를 가르쳤다.

8. 제6차 교육과정(1992~2000년)

필수교과를 축소하고 선택교과를 확대하였으며, 지방분권형 교육과정으로의 전환을 시도하였다. 도덕(68), 국어(136~170), 사회

(102~136), 수학(136), 과학(136), 체육(102), 음악(34~68), 미술(34~68), 가정(34~68), 기술 · 산업(34~68), 영어(136) 등이 필수교과이고 한문, 컴퓨터, 환경 등의 과목은 선택과목으로 연간 38~68시간이 운영되도록 하였다. 6차 교육과정에서 교과별 시간 수의 배정에 있어서 연간 34주 동안의 최소의 시간만을 지정하고 이것을 기준으로 학교의 재량에 의해서 운영하도록 하였다. 따라서 괄호 안의 시간 수는 주당 시간 수가 아닌 연간 최소 시간 수이다.

9. 제7차 교육과정(2000년 이후)

1997년 12월 30일 교육부 장관에 의하여 고시된 제7차 교육과정은 2000년 3월 1일 초등학교 1, 2학년을 시작으로 각 학년별로 단계적으로 시행한다(교육부). 초등학교 3, 4학년과 중학교 1학년은 2001년 3월 1일, 초등학교 5, 6학년과 중학교 2학년, 그리고 고등학교 1학년은 2002년 3월 1일, 중학교 3학년과 고등학교 2학년은 2003년 3월 1일, 고등학교 3학년은 2004년 3월 1일부터 시행한다.

제7차 교육과정은 1학년부터 10학년까지의 10년 동안에는 국민공통기본교육과정을 편성 · 운영한다. 국민공통기본교육과정이란 초등학교 1학년부터 고등학교 1학년까지의 10년간을 10학년으로 하여 이 기간 동안 모든 학생들이 필수 공통과목을 이수하도록 하는 것이다. 11, 12학년의 2년 동안에는 선택 중심 교육과정을 편성 · 운영한다.

국민공통기본교육과정은 교과, 재량활동, 특별활동으로 편성한다. 첫째, 교과는 국어, 도덕, 사회, 수학, 과학, 실과(기술 · 가정), 체육, 음악, 미술, 외국어(영어)로 한다. 다만 초등학교 1, 2학년의 교과는 국어, 수학, 바른생활, 슬기로운 생활, 즐거운 생활 및 우리들은 1학년으로 한다. 둘째, 재량활동은 교과 재량활동과 창의적 재량활동으로 편성한다. 중학교의 교과 재량활동에는 한문, 컴퓨터, 환경, 생활 외국어, 기타, 그리고 나머지 시간은 국민공통기본교과의 심화 · 보충학습시간으로 활용한다. 셋째, 특별활동은 자치활동, 적응활동, 계발활동, 봉사활동, 행사활동으로 한다. 고등학교의 선택 중심 교육과정은 교과와 특별활동으로 편성한다. 교과는 보통교과와 전문교과로 한다. 보통교과는 국어, 도덕, 사회, 수학, 과학, 기술 · 가정, 체육, 음악, 미술, 외국어와 한문, 교련, 교양의 선택과목으로 한다. 전문교과는 농업, 공업, 상업, 수산 · 해운, 기사 · 실업, 과학, 체육, 예술, 외국어, 국제에 관한 교과로 한다. 특별활동은 자치활동, 적응활동, 계발활동, 봉사활동, 행사활동으로 한다.

10. 7차 교육과정 구성의 방향

1) 추구하는 인간상

우리나라의 교육은 홍익인간의 이념 아래 모든 국민으로 하여금 인격을 도야하고, 자주적 생활능력과 민주시민으로서의 필요한 자질을 갖추게 하여 인간다운 삶을 영위하게 하고, 민주국가의 발전과 인류공영의 이상을 실현하는 데 이바지하게 함을 목적으로 한다.

교육과정이 추구하는 인간상은 다음과 같다.

① 전인적 성장의 기반 위에 개성을 추구하는 사람

② 기초능력을 토대로 창의적인 능력을 발휘하는 사람

③ 폭넓은 교양을 바탕으로 진로를 개척하는 사람

④ 우리 문화에 대한 이해의 토대 위에 새로운 가치를 창조하는 사람

⑤ 민주시민의식을 기초로 공동체의 발전에 공헌하는 사람

교육과정의 구성방침은 다음과 같다.

① 사회적 변화의 흐름을 주도할 수 있는 기본능력을 길러줄 수 있도록 교육과정을 구성한다.

② 국민공통기본교육과정과 선택 중심 교육과정체제를 도입한다.

③ 교육내용의 양과 수준을 적정화하고, 심도 있는 학습이 이루어지도록 수준별 교육과정을 도입한다.

④ 학생의 능력, 적성, 진로를 고려하여 교육내용과 방법을 다양화한다.

⑤ 교육과정 편성과 운영에 있어서 현장의 자율성을 확대한다.

⑥ 교육과정 평가체제를 확립하여 교육에 대한 질관리를 강화한다.

이 교육과정에 추구하는 인간상을 구현하기 위해서 학급별로 교육목표를 두고 있다.

초등학교교육은 학생의 학습과 일상생활에 필요한 기초능력 배양과 기본생활습관을 형성하는 데 중점을 두고 있다.

① 몸과 마음이 균형 있게 자랄 수 있는 다양한 경험을 가진다.
② 일상생활의 문제를 인식하고 해결하는 기초능력을 기르고 자신의 생각과 느낌을 다양하게 표현하는 경험을 가진다.
③ 다양한 일의 세계를 이해할 수 있는 폭넓은 학습경험을 가진다.
④ 우리의 전통과 문화를 이해하고 애호하는 태도를 가진다.
⑤ 일상생활에 필요한 기본생활습관을 기르고 이웃과 나라를 사랑하는 마음씨를 가진다.

중학교교육은 초등학교교육의 성과를 바탕으로 학생의 학습과 일상생활에 필요한 기본능력과 민주시민으로서의 자질을 함양하는 데 중점을 둔다.

① 심신의 조화로운 발달을 추구하고 자기발견의 기회를 가진다.
② 학습과 생활에 필요한 기본능력과 문제해결력을 기르고 자신의 생각과 느낌을 창의적으로 표현하는 경험을 가진다.
③ 다양한 분야의 지식과 기능을 익혀 적극적으로 진로를 탐색하는 경험을 가진다.
④ 우리의 전통과 문화에 대한 자긍심을 지니고 이를 발전시키려는 태도를 가진다.
⑤ 자유민주주의의 기본적 가치와 원리를 이해하고 민주적인 생활방식을 익힌다.

고등학교교육은 중학교교육의 성과를 바탕으로 학생의 적성과 소질에 맞는 진로개척능력과 세계시민으로서의 자질을 함양하는 데 중점을 둔다.

① 심신이 건강한 조화로운 인격을 형성하고, 성숙한 자아의식을 가진다.

② 학문과 생활에 필요한 논리적, 비판적, 창의적 사고력과 태도를 익힌다.

③ 다양한 분야의 지식과 기능을 익혀 적성과 소질에 맞게 진로를 개척하는 능력을 기른다.

④ 우리의 전통과 문화를 세계 속으로 발전시키려는 태도를 가진다.

⑤ 국가 공동체의 형성과 발전을 위해 노력하며 세계시민으로서의 의식과 태도를 가진다.

11. 7차 개정 교육과정의 학교교육과정 편성 · 운영지침

1) 편성

공통지침은 다음과 같다. 학교는 이 교육과정과 시 · 도 교육청의 교육과정 편성 · 운영지침, 지역 교육청의 학교교육과정 편성 · 운영에 관한 장학 자료를 바탕으로, 학교 실정에 알맞은 학교교육과정을 편성 · 운영한다.

① 교과와 재량활동 및 특별활동에 배당된 시간은 연간 34주를 기준으로 한 최소한의 시간이므로 이 기준에 미달되지 않도

록 편성한다.

② 학교에서는 연간 수업시간 수를 계절, 학교 실정, 학생실태, 교육 여건 등에 알맞게 월별, 주별로 적절히 배정하여 편성한다.

③ 주간 및 1일의 시간 배정은 요일 및 교과 간의 균형이 유지되도록 하며, 교과의 특성과 재량활동, 특별활동의 내용에 따라서는 시간을 통합하여 연속적으로 운영할 수 있다.

④ 중학교와 고등학교에서는 교과에 배당된 수업시간 수를 학기 또는 학년 단위로 집중 편성하여 이수하도록 할 수 있다.

교육과정의 합리적 편성과 효율적 운영을 위하여 교원, 교육과정(교과교육) 전문가, 학부모 등이 참여하는 학교교육과정위원회를 구성하여 운영하며, 이 위원회는 학교장의 교육과정 운영 및 의사결정에 관한 자문의 역할을 담당한다.

학교는 학교교육과정 편성 · 운영 계획을 바탕으로 학년, 학급, 교과목별 교육과정을 편성할 수 있다.

학교교육과정을 편성 · 운영함에 있어서는 교원의 조직, 학생의 실태, 학부모의 요구, 지역사회의 실정 및 교육시설 · 설비 등 교육 여건과 환경이 충분히 반영되도록 노력한다.

수준별 수업은 다음 사항에 유의하여 편성 · 운영한다.

① 수준별 수업을 적용하는 교과는 심화 · 보충학습을 위한 추가 시간이 필요할 경우, 재량활동에 배당된 시간 등 별도의 시간을 활용할 수 있다.

② 수준별 수업 운영을 위한 학습집단은 학교의 여건이나 학생

의 특성에 따라 다양하게 편성할 수 있다.

이 교육과정에 제시된 과목 이외의 과목을 설치 · 운영하고자 할 때에는, 시 · 도 교육청의 교육과정 편성 · 운영지침에 의거하여 사전에 필요한 절차를 거쳐야 한다.

2) 학교급별 지침

(1) 초등학교

① 초등학교의 교과 중에서 주당 평균 3시간 이상의 수업시간 수가 배당된 교과는 주당 평균 1시간 이내에서 시수를 감축하여 학생의 요구와 학교의 필요에 따라 감축된 교과의 학습활동과 관련되는 체험활동 등으로 통합 · 운영할 수 있다.

② 복식 학급을 편성 · 운영하는 경우에는 교육내용의 학년별 순서를 조정하거나 공통주제를 중심으로 교재를 재구성하여 활용할 수 있다.

③ 초등학교 재량활동에서는 주제탐구, 소집단 공동연구, 학습하는 방법의 학습, 통합적인 범교과 학습 등 다양한 교육프로그램을 학교와 교사, 학생의 요구와 필요에 따라 편성하여 선택적으로 운영할 수 있다.

④ 초등학교에서는 모든 교육활동을 통해 학생의 기본생활습관을 형성할 수 있도록 편성하고, 정확한 국어 사용능력을 신장할 수 있도록 특별히 배려한다.

(2) 중학교

중학교 재량활동은 다음 사항에 유의하여 편성 · 운영한다.

① 학교는 재량활동에 배당된 시간 수를 학생의 요구와 학교의 실정을 기초로 융통성 있게 배정한다.

② 선택과목을 개설할 경우, 학교는 2개 이상의 과목을 동시에 개설함으로써 학생들의 선택권이 보장되도록 유의한다.

(3) 고등학교

① 일반계 고등학교는 10학년까지 국민공통기본교육과정을 이수할 수 있도록 교과를 편성한다.

② 일반계 고등학교의 교육과정에는 학생의 진로와 관련한 엄격한 과정을 따로 두지 아니하며, 개별 학생은 자신이 선택하여 이수한 과목들을 모아 자신의 과정을 만들어 가는 것을 원칙으로 한다. 초 · 중등교육법시행령 제90조 제1항의 제5호 내지 제9호에 해당하지 아니하는 학교는 학생의 진로 선택을 돕고, 계열성 있는 선택과목의 이수를 위하여 필요한 과정을 설치하여 운영할 수 있으며, 이와 관련한 구체적인 사항은 시 · 도 교육청이 정한 지침에 따른다.

③ 창의적 재량활동을 포함한 고등학교의 재량활동에서는 학생의 적성과 진로 등을 고려하여 11, 12학년의 선택 중심 교육과정과 연계하여 운영할 수 있도록 노력한다.

④ 선택과목은 학교의 실정과 학생들의 요구를 반영해서 편성한다. 특히 시 · 도가 정한 일정규모 이상의 학생이 이 교육과정

의 편제에 있는 특정의 선택과목 개설을 요청할 경우, 학교는 이를 개설하여야 한다.

⑤ 학기당 이수과목 수는 시 · 도 교육감이 정한 범위 이내로 편성하되, 가능한 10과목 이내로 하도록 한다.

⑥ 학교가 종교과목을 개설할 때에는 종교 이외의 과목을 포함, 복수로 과목을 편성하여 학생에게 선택의 기회를 주어야 한다.

⑦ 학교장은 자신의 학교에서 개설하지 않은 선택과목 이수를 희망하는 학생이 있을 경우, 그 과목을 개설한 다른 학교에서의 이수도 인정하도록 한다. 특정과목의 경우, 공공성 있는 지역사회의 학습장에서 학습이 이루어지는 것이 해당 학교에서보다 효과적이라고 판단할 경우, 학교장은 이를 허용하여야 하며, 이와 관련한 구체적인 사항은 시 · 도 교육청이 정한 지침에 따른다.

⑧ 실업계 및 기타계 고등학교의 학과별 필수과목은 필요한 경우 학교장이 정할 수 있으며, 선택과목은 학교장이 정하는 비율의 범위 내에서 학생이 선택하여 이수할 수 있도록 한다.

⑨ 실업계 고등학교에서는 교육과정내용과 관련이 있는 현장실습을 운영하여야 한다. 이 경우 다양한 형태로 운영할 수 있으며 이와 관련된 구체적인 사항은 시 · 도 교육청이 정한 지침에 따른다.

⑩ 외국어계열 고등학교에서는 전문교과 총 이수 단위의 50% 이상의 전공 외국어와 전공 외국어 이외의 2개 외국어를 포함하여 전문교과를 편성해야 한다.

⑪ 이 교육과정에 명시되지 아니한 계열의 교육과정은 유사계열의 교육과정에 준한다. 부득이 새로운 계열의 설치 및 그에 따른 교육과정을 편성할 경우와 학교의 실정에 따라 새로운 과목을 설정하여 운영하고자 할 경우에는 시 · 도의 교육과정 편성 · 운영지침에 의거하여 사전에 필요한 절차를 거쳐야 한다.

3) 운영

학교교육과정은 모든 교원이 전문성을 발휘하여 참여하는 민주적인 절차와 과정을 거쳐 편성 · 운영한다.

학교교육활동 전반을 통하여 인성교육이 통합적이고 체계적으로 이루어지도록 하여야 한다.

단위학교에서 수준별 수업을 운영할 경우 다음 사항을 고려한다.

① 교과용 도서 이외의 수준별 교수 · 학습 자료는 교육청이나 학교에서 개발한 것을 사용할 수 있다.

② 수준별 수업을 적용할 경우 학습결손을 보충할 수 있도록 '특별 보충수업'을 운영할 수 있다. 특별 보충수업의 편성 · 운영에 관한 제반 사항은 학교가 자율적으로 결정한다.

학교는 다음과 같은 사항에 유의하여 학교교육과정을 편성 · 운영한다.

① 각 교과의 기초적 · 기본적 요소들이 체계적으로 학습되도록

계획하고, 이를 일관성 있고 지속성 있게 지도한다.

② 각 교과목별 학습목표를 모든 학생이 성취하도록 지도하고, 능력에 알맞은 성취가 가능하도록 다양한 학습의 기회와 방법을 제공하며, 이를 위한 계획적인 배려와 지도를 하여 학습 결손이 누적되거나 학습의욕이 저하되지 않도록 노력한다.

③ 교과수업은 탐구적인 활동을 통하여 개념 및 원리를 이해하고, 이를 새로운 사태에 적용하는 기회를 많이 가지게 한다. 특히 여러 가지 자료를 활용한 정보처리능력을 가지도록 하는 데 힘쓴다.

④ 개별적인 학습활동과 더불어 소집단 공동학습활동을 중시하여 공동으로 문제를 해결하는 경험을 많이 가지게 한다.

⑤ 각 교과활동에서는 학습의 개별화가 이루어지도록 하고, 발표 · 토의활동과 실험, 관찰, 조사, 실측, 수집, 견학 등의 직접 체험활동이 충분히 이루어지도록 유의한다.

⑥ 교과와 특별활동의 내용 배열은 반드시 학습의 순서를 의미하는 것이 아닌 예시적인 성격을 지니고 있으므로 필요한 경우에 지역의 특수성, 계절 및 학교의 실정과 학생의 요구, 교사의 필요에 따라 각 교과목의 학년별 목표에 대한 지도내용의 순서와 비중, 방법 등을 조정하여 운영할 수 있다.

⑦ 교과와 재량활동, 특별활동의 효율적인 운영을 위하여 지역사회의 인적 · 물적 자원을 계획적으로 활용한다.

⑧ 실험 · 실습이나 실기 지도에 있어서는 실습시설 및 기계 · 기구 사용 시 안전에 특히 유의하도록 한다.

⑨ 교육활동 전반을 통하여 남녀의 역할에 관한 편견을 가지지

않도록 지도한다.

특별활동의 각 영역이 균형 있게 운영되도록 노력하여야 하며, 각 학교별로 특색 있는 중점 영역을 설정하여 육성함으로써 학교의 전통을 가꾸어 나가도록 한다.

① 지역사회의 인적자원과 물적 자원을 계획적으로 활용하고, 학생의 개성, 취미, 흥미, 특기 등이 충분히 신장될 수 있도록 배려한다.

② 공동체의식과 민주시민의 자질이 형성될 수 있는 자율적인 집단활동이 되도록 한다.

③ 지역 및 학교 실정과 활동내용의 특성에 따라 집중 연속적인 이수를 할 수 있으며, 다양한 방법으로 융통성 있게 운영하도록 한다.

④ 학생의 적성과 능력에 적합한 진로를 결정할 수 있도록 상담의 기회를 마련한다.

학습효과를 높이기 위하여 교과용 도서 이외에 교육방송, 시청각 교재, 각종 학습 자료 등을 활용한다.

교과용 도서 중심의 교육에서 탈피하여 교육정보망, 멀티미디어 등 컴퓨터를 활용한 교육이 활성화되도록 한다.

민주시민교육, 인성교육, 환경교육, 경제교육, 에너지교육, 근로정신 함양교육, 보건교육, 안전교육, 성교육, 소비자교육, 진로교육, 통일교육, 한국문화 정체성교육, 국제이해교육, 해양교육, 정보화 및 정보윤리교육, 청렴 · 반부패교육, 물보호교육, 지속가능

발전교육, 양성평등교육, 장애인이해교육, 인권교육, 안전 · 재해 대비교육, 저출산 · 고령사회 대비교육, 여가활용교육, 호국 · 보훈 교육, 효도 · 경로 · 전통윤리교육, 아동 · 청소년보호교육, 다문화 교육, 문화예술교육, 농업 · 농촌 이해교육, 지식재산권교육, 미디어교육, 의사소통 · 토론 중심 교육, 논술교육 등 범교과적 학습 주제는 관련되는 교과, 재량활동, 특별활동 등 학교교육활동 전반에 걸쳐 통합적으로 다루어지도록 하고, 지역사회 및 가정과의 연계 지도에도 힘쓴다.

학교에서는 교육과정에 제시되지 않은 사회 현안에 대해 학생들의 올바른 이해를 돕기 위하여 계기교육을 실시할 수 있으며, 이 경우 계기교육지침에 따른다.

학교에서는 독서교육 계획을 수립하고, 국어과를 비롯한 각 교과교육과 재량활동 및 특별활동에 활용할 수 있도록 한다.

심신 장애학생을 위한 특수학급을 설치 · 운영하는 경우, 학생의 장애 정도와 능력을 고려하여 이 교육과정을 조정 · 운영하거나, 특수학교 교육과정 및 교수 · 학습 자료를 활용할 수 있다.

① 학교는 학생과 학부모의 요구를 바탕으로 방과 후 학교 또는 방학 중 프로그램을 개설할 수 있으며, 학생들의 자발적인 참여를 원칙으로 한다.

② 학교는 동학년 모임, 교과별 모임, 현장연구, 자체 연수 등을 통해서 교사들의 교육활동 개선이 이루어지도록 한다.

③ 학교는 학교교육과정 편성과 운영의 적합성, 타당성, 효과성을 자체 평가하여 문제점과 개선점을 추출하고, 다음 학년도의 교육과정 편성 · 운영에 그 결과를 반영한다.

CHAPTER 02

상업교과의 본질

제1절 상업교육의 개념과 목적

상업교육은 급변하는 산업사회 속에서 유능하고 전문적인 인적자원을 배양함으로써 국가사회의 질서유지 및 경제개발의 원천이라는 막중한 책임을 가지고 양적 · 질적으로 성장하여 왔다.

특히 산업이 발전함과 동시에 정보통신 분야가 급속도로 발전함으로써 교육현장에서도 산업현장에 필요한 인재육성에 힘을 기울여야 한다. 내외적인 환경의 변화에 능동적으로 대처하고 교육환경을 개선하여 정보화시대에 부응할 수 있는 교육을 받아들이고 교육수요자의 요구에 뒤처지지 않도록 상업정보교육을 개선해야 한다.

국민소득의 증가로 대학진학이 많아지고 상업고등학교가 줄어들고 있는 상황이며 상업교육은 외적으로 시대변화와 지역사회의 다양한 요구, 국가적 차원의 인적자원개발의 요구와 교육현장의 개선 및 교육과정 또는 교육내용, 학과 편제의 개선도 필요하다.

헤릭(Herrick)은 상업교육을 직접 또는 간접적으로 배우려고 하는 사람의 욕구에 의해 미래의 비즈니스를 준비하는 교육의 유형이라고 정의하였다. 이러한 정의는 전문직업교육으로서의 성격을 강조하고 있는 것이다.

로맥스(Lomax)는 일반적인 교육개념으로 확대된 상업교육의 정의를 내리고 있는데 우리가 상업교육이라 부르는 것을 통해 모든 사회기관에도 상업적 측면이 있음을 강조하였다. 이로써 상업교육은 직업교육적 기능을 지녔을 뿐만 아니라 개인들이 경제적 문제에 대하여 합리적인 의사결정을 할 수 있도록 준비시키는 역할도 가능하다.

상업교육의 의미를 살펴보면 다음과 같다.

1. 직업에 종사하기 위한 상업교육

실업교육을 통하여 상업 및 경영에 관한 지식, 기능을 습득시켜 그 분야에 종사할 직업인을 양성하기 위한 교육을 의미한다.

2. 일반적인 상업교육

기초적인 상업교육으로 상업에 관한 기초적인 지식과 기능을 습득시켜 개인으로 하여금 현대산업사회에 적응하여 일반시민으로서 합리적인 소비생활을 영위하게 하며 또한 진로 결정에 도움을 주는 교육이다.

3. 고등상업교육

상업의 지식과 기능뿐만 아니라 경영관리능력을 길러 기업에서의 중간관리자 및 상급관리자와 상업교육담당자를 양성하여 미래 고도 산업사회에서 지도적인 경영활동을 담당할 수 있도록 하는 교육이다.

4. 사회적 상업교육

단기간에 걸쳐 상업 및 경영의 특수한 분야에 대한 기능을 습득시키는 것을 목적으로 정규학교 교육 이외의 상업교육을 의미한다.

상업계 고등학교 수준에서의 상업교육은 청소년기의 젊은이에게 직업적 생계수단으로서 인간다운 삶을 영위하는 데 필요한 자아실현의 방향으로 폭넓은 지식 및 기능, 기술을 익히게 하고 현대 산업사회에서 책임 있는 사회의 일원으로서 역할을 다하는 민주시민을 양성하는 데 그 목적이 있다.

상업교육의 목적은 기업경영을 담당할 전문인을 양성하는 교육과정이라고 정의되며 상업계 고등학교에서의 교육목적은 다음과 같다.

첫째, 현대사회에서 상업 및 경제환경에 적응할 수 있는 사고력과 문제해결력을 기르는 데 목적이 있다.

둘째, 기업경영에 필요한 기초지식과 기본기능을 갖추어 합리적이고 객관적인 의사결정을 할 수 있는 자질을 지니는 데 목표를 두고 있다.

셋째, 급변하는 정보화시대에서 스스로 자기를 개발할 수 있는 미래 지향적인 경험을 제공하는 교육내용의 구성과 교육환경에 중점을 두고 있다.

넷째, 학생들의 적성과 개인적 환경 및 자질에 알맞은 진로교육의 선택기회를 넓히고 산학 연계가 가능한 실험실습에 중점을 두고 있다.

다섯째, 기업경영의 결과인 이윤추구로 국가경제발전에 기여하는 자세와 자질을 기르는 데 역점을 두고 있다.

제2절 상업교육의 변화과정

1. 제1차 교육과정(1954~1962년)

1954년 4월 20일에 문교부령 제35호 고등학교 교육과정 시간배당기준령을 공포하면서 제1차 교육과정이 제정되었다. 제1차 교육과정은 교과 중심 교육과정기이다.

이 시기의 특징은 첫 번째는 단선형 학제의 기본취지를 교육과정에 최대한 반영하였다. 중고등학교에서 인문계와 실업계를 구분하지 않고 단일 교육과정을 제시하였다. 두 번째는 필수교과와 선택교과를 두어 학생의 적성 및 취미에 맞는 교과목을 선택함으로써 교육과정의 융통성을 부여하였다. 세 번째는 실업 · 가정교과 중에서 한 과목을 필수과목으로 선택하여 주당 3시간씩 3년간 학습하도록 규정하였다. 네 번째는 처음으로 종합고등학교제도가 도입된 시기이다.

상업계 고등학교의 교육내용의 특징은 상업과 단일 학과 편제와, 전문선택과목인 상품학을 제외한 전 과목이 전문필수로 되어 교과목 선정의 융통성이 없었다. 또한 전문교과의 필수시간과 선택시간의 합계는 전 교과의 30% 이상이 되도록 짜여 있다. 과목별 지도목표나 지도상의 유의점을 제시하지 않았으며 지도내용도 간단한 개요를 1~2행 정도 요약한 것이었다.

| 표 2-1 | 상업계 고등학교 필수 및 선택 교과목

구분	교과목 명칭
필수교과목	상업경제, 상업수학, 은행부기, 회계학, 주산, 상업연습, 경제지리, 상업법규, 상업부기
선택교과목	상업영어, 경제학, 금융론, 상품학, 무역실습, 통계조사, 상업사, 상업문, 상업미술

자료 : 교육부, 고등학교 실업계 교육과정 해설—상업계열, 1995, p. 45.

2. 제2차 교육과정(1963~1974년)

제2차 교육과정은 1963년 2월 15일 문교부령 제122호로 개정 · 공포되었으며, 제2차 개정은 제1차 개정내용의 부분적인 개정이었다. 2차 개정에서 중점을 둔 것은 과학기술의 급격한 발전과 지식의 팽창에 적응하기 위하여 기본개념을 중심으로 한 창의성개발교육을 강조하였고, 또한 학교교육의 내용에서 민족중흥과 국가발전에 적극 참여하기 위하여 국민교육헌장의 이론을 중심으로 한 교육내용 개편을 특징으로 한다.

이 시기의 교육과정은 우리나라가 제1차, 제2차 경제개발 5개년 계획이 순조롭게 추진되어 산업의 근대화가 이룩되어 가고, 산업구조가 전문화되어 감에 따라 상업사회에 필요한 생활 역할을 기르고 익히며, 산업사회를 이해할 수 있는 능력을 함양시키려는 근본 취지에 따라 개정을 한 것이다.

실업계 고등학교 교육과정은 제2차 교육과정에서 본 모습을 갖추게 되었고 실업계 고등학교를 일반계 고등학교와 별도의 교육과정으로 운영하게 되었다. 교육과정의 기본방침은 다음과 같다.

① 실업계 고등학교에서는 실업 전문교과목의 비중을 크게 높였다.

② 실업 전문교과목은 중견 기술자의 육성을 위하여 교육에서의 이론 중심 학습을 가능한 지양하고 실용성 있는 교과목을 선택하게 하였다.

③ 단위제를 원칙으로 하여 시간 계획에 융통성을 가지게 하여 주당 시수에 있어서도 최초 34시간, 최고 37시간으로 하였다.

3. 제3차 교육과정(1974년 12월~1981년 12월)

제3차 교육과정은 1974년 8월 24일 '문교부령 제286호'로 개정 · 공포되었으며 제2차 개정의 취지는 경제개발 계획의 성공적 목표달성과 산업화로 경제개발 도상국으로 진입하는 데 따른 실업교육의 전문화에 부응하기 위하여 인문계 고등학교 교육과정보다 3년 앞서서 전면 개정되었다. 교육과정의 운영에 있어서 필수과목을 가급적 저학년에서 이수하게 하고, 선택과목은 고학년에서 이수하게 하여 장래의 진로에 대비하도록 편제하였다. 선택과목의 폭을 넓혀 학교의 실정이나 개인의 적성을 고려하여 운영할 수 있도록 하였다.

제3차 교육과정의 주요내용은 다음과 같다.

① 영어, 수학 등의 보통과목은 실업계 고교용 도서로 별도 발행하였다.

② 전문교과 수를 20개 과목에서 30개 과목으로 늘리고 이수 편제표를 필수와 선택으로 구분하였다.

③ 교육과정 운영상의 유의점에서도 선택과목의 이수 유형을 각 업무 종사에 필요한 과목으로 열거 제시하였다.

④ 교육목표는 제2차 때의 목표를 3개 항으로 그대로 제시하되 문구의 조정을 시도하였다.

교육과정의 기본방침은 다음과 같다.

① 상업, 경영관리 및 사무에 종사하는 자에게 필요한 지식과 기능을 습득시킨다.

② 경제생활에서의 상업의 기능과 산업사회에서의 경영관리의 중요성을 깨닫게 하고 직업인으로서 국민경제에 적극 기여하려는 태도를 기른다.

③ 경제활동에 있어서 항상 창의성을 발휘하고 일상의 경제생활을 합리적 · 능률적으로 영위하는 능력과 태도를 기른다.

④ 총 이수 단위 수는 204~222단위이고 전문교과목 이수 단위 수는 102~154단위로 정하였으며, 필수과목으로는 상업대요, 경영관리, 상업법규, 부기 Ⅰ, 기업회계, 상업계산, 한글타자, 전자계산일반, 상업실천을 선택과목으로 21개 과목을 두었는데, 특기할 사항은 전자계산과목들이 선택과목 중 4과목으로

편성되었다는 점이다. [표 2-2]는 교과편제 및 단위 배당기준 표이다.

표 2-2 교과 편제 및 단위 배당기준

필수과목	단위 수	선택과목	단위 수
상업대요	4~6	부기 II	4~8
경영관리	4~6	공업부기	6~8
상업법규	4~6	은행부기	4~6
부기 I	6~8	세무회계	4~6
기업회계	2~4	판매관리	6~8
상업계산	12~18	상품	4~6
한글타자	4~8	경제지리	4~6
전자계산일반	4~6	무역업무	4~6
상업실천	4~10	통계조사	4~8
		코볼프로그래밍	8~10
		포트란프로그래밍	4~6
		어셈블리프로그래밍	4~6
		경영수학	4~6
		문서사무	4~6
		사무관리	4~6
		속기	4~6
		상업영어	6~12
		상업미술	2~6
		성업서예	2~4
		영문타자	4~6
		전자계산실무	8~18
		기타 과목	
이수 단위	50~70	이수 단위	32~104
소계	102~154		

자료 : 교육부 편저, 고등학교 교육과정해설, 2001.

4. 제4차 교육과정(1981년 12월~1988년 3월)

제4차 교육과정은 교과 · 경험 · 학문을 인간 중심으로 조화시키고 개인적 · 사회적 · 학문적 · 정합성의 조화를 강조한 인간 중심 교육과정에 바탕을 두고 있다. 교육과정은 1981년 12월 31일 문교부령 제422호로 개정 · 공포되어 1988년 3월 31일까지 적용된 교육과정이다.

과거의 학문 중심이나 경험 중심 교육보다 전인교육에 바탕을 두고 있으며 상업계 고등학교 교육과정의 가장 큰 변화는 종래 상업과를 상업과, 회계과, 무역과, 정보처리과 등의 4분과 영역으로 나누어 각각의 전문성을 크게 높일 수 있게 되었다. 이러한 조치는 상업에 대한 기초지식을 바탕으로 기능, 기술을 연마하게 하여 산업사회의 발전에 민감하게 적응할 수 있는 전문적 능력을 갖춘 직업인을 양성하도록 하는 요구에 따라 상업교육도 변화가 필연적으로 이루어진 것이다.

교육과정의 세 가지 기본방향은 다음과 같다.

첫째, 인성교육을 중시한다.

둘째, 상업의 국제화에 대비한 외국어교육을 강화한다.

셋째, 상업의 기계화에 대비한 기계 활용능력을 배양하는 교육을 강화한다.

제4차 교육과정의 특징을 보면 교육목표적인 면과 전문교과목 편제와 단위 배당면 두 가지를 들 수 있는데, 전공에 따라 학과를 개설하였으며, 학과별 목표와 필수과목을 명시하였다.

이에 따라 종전의 30개의 전문과목을 23개로 줄였으며, 고도의 전문적 심화내용은 배제하였다. 기능 일변도 교육에서 벗어나 외국어교육과 전산화교육을 강화하였다. 학과별 전문필수과목을 공통 이수하도록 하고 전문교과목 편제와 단위 배당시간 편성은 각 과목군별로 필수과목을 특성 있는 과목으로 배치하고, 필수과목의 이수시수를 40~46단위로, 선택과목을 42~82단위로 조정하여 좀 더 학과와 학교의 특성에 맞게 과목을 선택할 수 있는 기준을 채택하게 하였다.

[표 2-3]은 제4차 교육과정의 전문교과목이다.

표 2-3 제4차 교육과정의 전문교과목

과목 / 학과	필수과목	선택과목
상업과	상업대요, 상업부기, 상업계산, 상업계산, 상업실천, 경영대요, 타자, 전자계산일반	상업법규, 상업계산, 상업실천, 부기회계, 공업부기, 세무회계, 무역업무, 상업영어, 경제지리, 문서사무, 타자, 전자계산실무, 경영통계, 자료처리, 상업미술, 상업서예, 마케팅, 상품, 기타 과목
회계과	상업대요, 경영대요, 상업부기, 공업부기, 상업계산, 부기회계, 전자계산일반	
무역과	상업대요, 경영대요, 상업부기, 전자계산일반, 무역업무, 타자, 상업영어	
정보처리과	상업대요, 경영대요, 상업부기, 전자계산일반, 자료처리, 타자, 프로그래밍	

자료 : 교육부, 고등학교 실업계 교육과정 해설, 1995, p.54.

5. 제5차 교육과정(1989~1995년)

제5차 교육과정은 1988년 3월 31일 문교부 고시 제88-7호로 개정된 교육과정이다. 제5차 교육과정은 상업 및 경영에 관한 기본적인 지식과 기능을 습득하고 산업사회의 발전에 맞추어 창의성을 개발하고 합리적이며 능률적인 경제생활을 할 수 있는 능력을 지닌 직업인으로서 국민경제발전에 이바지하는 것이 교육목표이다.

제5차 교육과정의 기본방침은 교육과정의 적정화, 교육과정의 내실화, 교육과정의 지역화로 요약할 수 있다.

상업계 고등학교의 교육과정 기본방향은 다음과 같다.

첫째, 기초적이고 기본적인 내용을 중심으로 산업사회에 나아가 직무를 성실히 수행하며 사회변화에 민감하게 대처할 수 있는 전이성 있는 기능 중심의 지식과 소양을 기르는 기본적 직무 소양교육을 함양한다.

둘째, 정보화사회로의 변화에 따라 산업사회의 변화에 대비한 교육을 강화한다.

셋째, 실업실습에 중점을 두어 실제적이며, 경험적인 학습을 중요시하도록 한 현장실습 및 경험적 학습을 고양한다.

넷째, 미래 고도 산업사회에서의 다양한 직업군에 대처할 수 있는 학과 전문성을 제고한다.

다섯째, 상업과 경영활동에 따른 여러 문제들을 파악하고 합리적인 의사결정을 할 수 있는 경영경제교육을 강화한다.

여섯째, 전문과목 선택 기회를 확대한다.

일곱째, 상업인의 자질을 함양한다.

교육의 목표는 다음과 같다.

첫째, 상업 및 경영에 관한 기본적 지식과 기능을 습득하게 한다.

둘째, 산업사회의 발전에 맞추어 창의성을 발휘하고, 합리적이며 능률적인 경제생활을 할 수 있는 능력과 태도를 기르게 한다.

셋째, 상업 및 경영의 중요성을 깨닫게 하고, 신념과 긍지를 지닌 직업인으로서 국민경제발전에 이바지하게 한다.

각 학과의 교육목표로 회계과는 회계사무에 관한 지식과 기능을 습득하게 하여 경리 회계사무에 종사할 자로서의 자질과 능력을 기르는 것이 목표였으며, 상업과는 상업활동 전반에 관한 지식과 기능을 습득하게 하여 상업 및 경영실무에 종사할 자로서의 자질과 능력을 기르는 것이 목표였다.

무역과는 무역에 관한 지식과 기능을 습득하기 위하여 무역업무에 종사할 자로서의 자질과 능력을 키우는 것이 목표였으며, 정보처리과는 전자계산기의 이용에 관한 지식과 기능을 습득하게 하여 정보처리업무에 종사할 자로서의 자질과 능력을 기르는 것을 목표로 하였다.

교과 편제 및 단위 배당기준은 종전의 교육과정 골격을 유지하면서 각 학과별 전문성을 제고시킬 수 있도록 하였다. 또한 선택과목의 경제 지리과목을 삭제하여 보통 교과와의 중복을 피하고자 하였다.

[표 2-4]는 전문교과목 편제 및 단위 배당에 대한 요약이다.

| 표 2-4 | 전문교과목 편제 및 단위 배당

<table>
<tr><th>과목
학과</th><th>필수과목</th><th>선택과목</th></tr>
<tr><td>회계과</td><td>상업대요, 경영대요, 상업부기, 공업부기, 상업계산, 부기회계, 전자계산일반</td><td rowspan="4">상업법규, 상업계산, 문서사무, 상업실천, 부기회계, 공업부기, 세무회계, 무역업무, 상업영어, 경제지리, 경영통계, 자료처리, 상업미술, 상업서예, 프로그래밍, 마케팅, 전자계산실무, 타자, 상품, 기타 과목</td></tr>
<tr><td>상업과</td><td>상업대요, 경영대요, 상업부기, 전자계산일반, 상업계산, 타자, 상업실천</td></tr>
<tr><td>정리처리과</td><td>상업대요, 경영대요, 상업부기, 전자계산일반, 전자계산실무, 자료처리, 프로그래밍</td></tr>
<tr><td>무역과</td><td>상업대요, 경영대요, 상업부기, 무역업무, 마케팅, 상업영어, 전자계산일반</td></tr>
<tr><td>이수 단위</td><td>38~64</td><td>44~84</td></tr>
<tr><td>이수 단위 합계</td><td colspan="2">82~122</td></tr>
</table>

자료 : 문교부, 고등학교 실업계 교육과정 해설: 상업계열, 1998, p.51.

상업계 고등학교의 운영에 있어서 직무소양능력을 고양할 수 있도록 전 과목의 목표에 이를 명시하였으며 문서 사무과목에 사무 실무자의 자질 영역을 신설하였다.

또한 진로교육은 각 학과의 특성을 제고하고 학생 개인능력을 더욱 개발할 수 있도록 전 과목에 고루 반영하도록 하였다. 경영경제교육의 기초와 상업경영이론을 심화시키기 위하여 상업대요과목에 '국민경제와 상업' 영역을 추가하고 마케팅과목에 '시장과 소비자' 영역, 상업 실천과목에 '무역실무'와 '금융기관의 임무'를 추가하였고, 무역업무과목에 '국민경제와 무역'을 신설하였다.

각 과목 간의 내용 중복을 피하도록 상업대요과목에 기업 영역을 삭제하고 경영대요과목의 국민경제와 기업 영역에서 심화 학습하도록 하였다.

6. 제6차 교육과정(1996년 3월~2002년 2월)

제6차 교육과정은 1992년 10월 30일에 교육법 제133조 1항에 의거 교육부 고시 제1992-19호로 고시되어 1996년 3월 1일부터 시행된 교육과정을 말한다.

제6차 교육과정 개정방안이 담고 있는 내용은 중앙집권교육과정을 지방분권형 교육과정으로 개편하여 지방교육자치 정신에 맞도록 했고 모든 학교가 획일적으로 같았던 교과목을 다양화하고 학교 실정에 맞게 특성화할 수 있게 하였다. 그리하여 상업계열 학과로서 기존의 4개 과에 상업디자인과, 관광경영과, 비서과, 기타 학과가 추가되어 분과를 지역 특성과 학교 실정에 따라 다양화할 수 있도록 세분화하였다.

그리고 전문교과의 편성은 교육부에서 계열별 필수과목, 시 · 도 교육청에서 학과별 필수과목, 학교는 학과별 선택과목을 결정하게 되었다.

제6차 교육과정에서는 '비즈니스' 범주를 '상업 및 경영'으로 하여 21세기 산업사회의 변화를 염두에 두고 상업의 범주를 산업의 한 부분에만 국한하지 않으려고 하였다. 상업교육의 일반교육적 성격을 반영하여 '기능의 습득', '각 분야에서 종사할 수 있는 자질과 능력을 길러'라고 하였고, 사회 및 국민경제발전에의 공헌을 반영하기 위해서 '경제사회발전에 기여'라고 표현하였다.

제6차 교육과정에서는 새로운 학과 신설을 모색하였는데 그 배경은 다음과 같다.

① 오늘날 상업교육은 포괄적으로 확대하려는 경향이 있어 상업교육의 범위도 확대 적용하겠다는 취지로 매매, 은행, 신탁, 운송, 금융, 창고, 보관, 보험, 무역 등의 사무기능뿐만 아니라 비서, 통역, 기획, 광고, 디자인, 관광, 유통관리, 국제경영 등의 부수적 기능 분야도 상업교육의 범주에 포함시켜 경영환경에 적응할 수 있는 능력을 기르도록 해주어야 한다.

② 상업교육은 산업사회의 미래를 예측하고 자신의 취미, 적성, 능력을 고려하여 폭넓은 진로교육이 이루어지도록 배려하여야 한다.

③ 상업교육의 전문성을 제고하도록 현대산업사회의 다양한 직업군에 적응할 수 있는 내용을 학과 편제에 반영하여 국제화, 다양화 추세에 대비해야 할 필요성이 있다.

④ 실험, 실습 위주의 교육으로 산업현장의 요구를 충족시킬 수 있도록 해야 한다.

⑤ 교육의 국제적 · 질적 경쟁력을 제고하여야 한다.

이러한 배경으로 제6차 교육과정에서는 기존의 4개 학과 외에 상업디자인과, 관광경영과, 비서과 등 3개 학과를 추가로 신설하고 지역과 학교의 재량에 따라 기타 학과를 설치할 수 있게 하였다.

전문교과의 이수 단위는 82단위 이상으로 하고 상업계열의 경우 이수과목은 학과를 불문하고 상업경제, 상업부기, 전자계산일반 3

개 과목으로 함으로써 제5차 때의 경영대요를 삭제하도록 하였다. 이는 타 계열의 필수과목 수와의 형평을 기하고 가급적 선택과목에서 이수하도록 유도하도록 하기 위해서이다. 또한 전문교과의 각 과목별 이수 단위는 12단위 이하로 하였다.

전문교과의 과목 수는 기존에 22개 과목에서 30개 과목으로 늘림으로써 고도 산업사회에의 부응, 학과의 다양한 요구에의 부응 등으로 교육의 다양화를 꾀하도록 하였다.

표 2-5 제6차 전문교과 편제

과목	비고	과목	비고
상업경제	상업대요 개칭	무역업무	
상업실습	신설, 확대 적용	상업영어	
경영대요		국제경제	신설
상업부기		프로그래밍 II	프로그래밍 개칭
전자계산일반	타 계열과 통합교과	자료처리	
상업법규		전자계산실무	전자계산기실무 개칭
상업계산		경영통계	
상업실무	상업실천 개칭 및 통합	상업디자인일반	신설
마케팅		상업미술	
상품		그래픽디자인	신설
문서실무	상업서예, 타자, 문서사무 등 통합	컴퓨터그래픽 비서일반	신설 신설
유통관리일반	신설	비서실무	신설
기업회계	부기회계 개칭	속기	신설
원가회계	공업부기 개칭	사무자동화일반	신설
세무회계			

자료 : 교육부 편저, 고등학교 교육과정해설, 2001.

7. 제7차 교육과정(2002년 3월 이후)

제7차 교육과정은 1997년 12월 30일 교육법제155조 제1항에 의거 교육부 고시 제1997-15호로 고시되어 2002년 3월 1일부터 시행되었다.

제7차 교육과정에서의 상업교과의 성격으로는 상업 및 경영의 각 분야에 관한 전문교과교육을 균형 있게 실시함으로써 세계화·정보화시대에 대처할 수 있는 유능한 인재를 양성하는 데 중점을 둔다. 제7차 교육과정에서는 전문교과를 기초이론교과, 실무기본교과, 실무심화교과의 3개 영역으로 나누었다.

기초이론교과에서의 교과목은 상업계열 필수교과인 상업경제, 회계원리, 컴퓨터일반을 포함하여 12개 교과목이며, 실무기본교과에서의 교과목은 8개 교과목이며, 실무심화교과에서의 교과목은 12개 교과목으로 하고 있다. 다음 [표 2-6]은 교육과정에서의 교과의 3개 영역을 설명한 것이다.

| 표 2-6 | 7차 교육과정에서의 교과의 3개 영역

영역	성격	교과목
기초이론 교과	전문교과목 이수에 필요한 기초적인 원리를 배우는 교과	상업경제, 회계원리, 비서일반, 경영대요, 상업법규, 광고일반, 컴퓨터일반, 마케팅, 국제경영, 유통관리일반, 시각디자인일반, 사무자동화일반
실무기본 교과	각론적인 성격의 실무기초를 배우는 교과로서 심화실무교과의 사전단계에 속하며 기초이론과 실습을 함께 하는 교과	기업회계, 세무회계, 원가회계, 무역영어, 자료처리, 컴퓨터그래픽, 사진그래픽디자인

실무심화 교과	전공 영역 실습을 중심으로 구성된 교과로서 기초실무교과의 내용보다는 심화된 내용으로 산업현장에서 필요로 하는 실무를 중심으로 구성	상업계산실무, 회계실무, 비서실무, 국제상무, 전자계산실무, 문서실무, 시각디자인실무, 관광경영실무, 사무자동화실무, 유통정보실무, 프로그래밍실무, 경영실무

자료 : 교육부, 상업계열 고등학교 전문교과 교육과정, 1997, pp. 28~86.

제7차 교육과정에서의 계열필수과목은 상업경제, 회계원리, 컴퓨터일반 3개 과목이며 각 과목군별 학과와 해당 과목은 [표 2-7]과 같다.

표 2-7 7차 교육과정에서의 각 학과 교과목

과목군	학과	계열필수	해당 과목
경영 및 관광 경영과목군	경영정보 관광경영	상업경제, 회계원리, 컴퓨터일반	경영대요, 상업법규, 상업계산실무, 마케팅, 광고일반, 경영실무, 관광경영실무
회계과목군	회계정보		기업회계, 원가회계, 세무회계, 회계실무
유통통상과목군	유통경영 통상정보		국제경영, 무역영어, 국제상무, 유통관리일반, 유통정보실무
정보처리 비서 사무자동화 과목군	정보처리 비서 사무자동화		자료처리, 전자계산실무, 프로그래밍실무, 문서실무, 비서일반, 비서실무, 사무자동화일반, 사무자동화실무
시각디자인 과목군	시각디자인		사진, 시각디자인일반, 시각디자인실무, 그래픽디자인, 컴퓨터그래픽

자료 : 교육부, 상업계열 고등학교 전문교과 교육과정, 1997, pp. 28~86.

한편 제7차 교육과정에서 제시된 전문계 고등학교의 교육과정체제와 교육내용 정리 요구 등의 이유로 교육인적자원부는 2007년에 9개 학과, 32개 과목으로 개정하였다.

학과 및 교육내용의 변화는 [표 2-8]과 같다.

| 표 2-8 | 학과 및 교육내용의 개정

현행		개정		비고
기준 학과	과목	기준 학과	과목	
계열 필수	상업경제, 회계원리, 컴퓨터일반	계열 필수	상업경제, 회계원리, 컴퓨터일반	
경영 정보과	상업법규, 상업계산실무, 마케팅, 광고일반, 경영대요, 경영실무	경영 정보과	경영과 법, 마케팅과 광고, 기업과 경영, 경영정보시스템, 기업자원관리(ERP)	• 상업법규→경영과 법 • 경영대요→기업과 경영으로 명칭 변경 • 마케팅, 광고일반→마케팅과 광고로 통합 • 상업계산실무 폐지 • 경영정보시스템 신설 • 경영실무→기업자원관리(ERP)로 변경
회계 정보과	기업회계, 원가회계, 세무회계, 회계실무	회계 정보과	기업회계, 원가회계, 세무회계, 전산회계, 금융과 생활	• 회계, 회계실무→전산회계로 명칭 변경 및 실무중심으로 내용 재구성 • 생활 속의 회계 및 재무 등 금융지식을 습득하기 위해 금융과 생활 신설
통상 정보과	국제경영, 무역영어, 국제상무	무역 정보과	국제화와 기업경영, 무역영어, 전자무역과, 국제상무	• 국제경영→국제화와 기업경영 • 국제상무→전자무역과 국제상무로 명칭 변경 및 내용 재구성

<table>
<tr><td>정보 처리과</td><td>자료처리, 전자계산실무, 프로그래밍실무</td><td rowspan="2">정보 처리과</td><td rowspan="2">자료처리, 소프트웨어개발, 프로그래밍실무, 사무관리실무</td><td rowspan="2">• 학과 통합
• 사무자동화일반, 사무자동화실무, 문서실무→사무관리실무로 통합</td></tr>
<tr><td>사무 자동화과</td><td>사무자동화일반, 사무자동화실무, 문서실무</td></tr>
<tr><td>시각 디자인과</td><td>시각디자인일반, 시각디자인실무, 그래픽디자인, 컴퓨터그래픽, 사진</td><td>응용 디자인과</td><td></td><td>• 학과 이관
• 시각디자인일반, 시각디자인실무, 그래픽디자인, 컴퓨터그래픽은 공업계열로 이관</td></tr>
<tr><td>비서과</td><td>비서일반, 비서실무</td><td></td><td>커뮤니케이션실무</td><td>• 비서일반, 비서실무→커뮤니케이션실무로 통합
• 학과 폐지</td></tr>
<tr><td>관광 경영과</td><td>관광경영실무</td><td>관광 경영과</td><td></td><td>• 관광경영실무는 가사·실업 계열로 이관
• 기준학과로만 제시</td></tr>
<tr><td>유통 경영과</td><td>유통관리일반, 유통관리실무</td><td>유통 경영과</td><td>유통정보관리, 물류관리</td><td>• 유통관리일반, 유통 정보실무→유통정보관리
• 물류관리 신설</td></tr>
<tr><td></td><td></td><td>전자 상거래과</td><td>전자상거래일반, 전자상거래실무, 인터넷마케팅, 인터넷 쇼핑몰관리</td><td>• 학과 신설</td></tr>
<tr><td></td><td></td><td>멀티 미디어과</td><td>멀티미디어일반, 멀티미디어기획, 멀티미디어실무, 웹프로그래밍</td><td>• 학과 신설
• 멀티미디어일반은 공업계열 교과 활용</td></tr>
<tr><td></td><td></td><td></td><td>창업일반</td><td>• 신설</td></tr>
<tr><td>9개 학과</td><td>32개 과목</td><td>9개 학과</td><td>32개 과목</td><td></td></tr>
</table>

자료 : 교육인적자원부, 2007년 개정 교육과정 개요, 2007.

2007 개정 교육과정에 의한 상업계 고등학교의 큰 변화 중 하나는 교육패러다임에 맞도록 계열 명칭이 변화되어야 한다는 요구를 받아들여 기존의 상업계열에서 상업정보계열로 계열 명칭을 변경하였다는 점이다. 교육과정의 성격 및 방향과 관련하여서는 글로벌시대에 크게 변화하는 교육 패러다임에 맞추어 상업정보계열 고등학교를 단지 상업 분야뿐만 아니라 정보통신, 유통, 경영, 컴퓨터 등 여러 분야를 망라하는 평생 직업 준비 교육기관으로서 취업과 진학을 동시에 목표로 하고 졸업 후 창업이나 취업 등의 취업 준비 교육의 성격과 진학을 동시에 목표로 한다고 규정하였다. 또한 졸업 후 창업이나 취업 등의 직업 준비 교육의 성격과 대학의 관련 전공 분야 진학을 위한 계속교육의 성격 모두를 실현하지 못하는 상업정보계열 고등학교의 문제를 반영하는 데 교육과정 개정의 중점을 두었다. 2007 개정 교육과정 상업정보계열 전문교과의 내용 구성의 기본방향은 상업과 경영정보 관련 분야의 직업적 소양을 함양하고 실무를 수행하는 데 필요한 지식과 기술을 습득하여 취업이나 창업을 하거나 상급학교에 진학하여 전문교육을 이수함으로써 동일 분야의 발전에 기여할 수 있는 인재를 양성할 수 있도록 하는 것이다.

2007 개정 교육과정은 제7차 교육과정에서 제시된 목표의 문제점을 개선하면서 동시에 현대사회의 산업의 구조변화와 함께 부각되고 있는 평생학습사회의 개념을 수용하여 상업정보계열의 전반적 교육목표를 다음과 같이 제시하였다.

“상업과 경영정보관련 분야에서 직무를 수행하는 데 필요한 직업 기초능력과 실무능력을 길러 세계화 및 지식 기반 경제사회에서 창의적이고 능동적으로 자아를 실현하며 평생 직업인으로 발전할 수 있도록 자질을 키운다."

또한 위와 같은 상위목표를 실행하기 위해서 설정된 하위목표는 다음과 같다.

첫째, 급변하는 패러다임에 능동적으로 대처하는 태도를 가진다.

둘째, 세계화, 정보화를 통해 국제적 감각을 갖춘 직업인상을 추구한다.

셋째, 상업 및 경영정보와 관련된 산업 분야에서 요구되는 직업적 소양을 함양하고 지식과 기술 등 실무능력을 갖추어 취업 및 창업을 준비한다.

넷째, 고등교육 이수를 통하여 전문능력을 함양할 수 있는 계속교육의 기회를 가진다. 목표의 재설정과 함께 2007 개정 교육과정에서는 상업과 경영정보관련 산업 및 직업세계의 변화추세와 학교현장의 관련 학과 설치 현황을 분석하고 현장 교사 및 관련 전문가들의 의견을 반영하여 상업정보계열의 학과를 새롭게 제시하였다. 구체적으로 살펴보면 경영정보과, 회계정보과, 유통경영과는 현재의 명칭을 그대로 유지하고, 통상정보과는 무역정보과로 명칭을 변경하며, 정보처리과와 사무자동화과는 정보처리과로 통합하였다.

그리고 시각디자인과, 관광경영과는 타 계열로 이동하고 기준학과로만 제시하였으며 비서과는 해당 교과를 다른 학과로 분산 · 반영함으로써 폐지하였다. 또한 인터넷을 이용한 물품 및 서비스의 거래가 증가됨에 따라 온라인 유통 분야에 종사할 인력을 양성하기 위하여 전자상거래과를 신설하였다.

또한 미래의 고부가가치를 창출할 수 있는 유망산업으로 멀티미디어산업의 중요성이 확대됨에 따라 실무능력을 갖춘 체계적인 인력양성의 필요성이 제기되어 멀티미디어과를 기준학과로 새롭게 신설하였다.

전문교과목의 경우, 제7차 교육과정에서 규정한 대로 기초이론교과, 실무기본교과, 실무심화교과의 3개 영역을 통합하여 구성하였다. 따라서 모든 전문교과가 이론과 실무를 통합된 교과목의 성격을 지니며 실무심화교과에서 규정한 전공 영역 실습은 교과목내용 구성에 반영하도록 하였다.

제7차 교육과정의 계열필수교과인 상업경제, 회계원리, 컴퓨터일반은 2007 개정 교육과정에서도 존치하였으며, 다른 구체적인 변경사항들은 다음과 같다.

① 경영대요는 기업과 경영으로 명칭 변경

② 상업법규는 경영과 법으로 명칭 변경

③ 원가회계는 명칭을 그대로 유지하나 내용을 재구성

④ 국제상무는 전자무역과 국제상무로 명칭 변경

⑤ 국제경영은 국제화와 기업경영으로 명칭 변경

⑥ 경영실무는 기업자원관리(ERP)로 개편하여 신설

⑦ 마케팅, 광고일반은 마케팅과 광고로 내용 통합 및 명칭 변경

⑧ 비서일반, 비서실무는 비서실무로 내용 통합

⑨ 사무자동화일반, 사무자동화실무, 문서실무는 사무관리실무로 내용 통합

⑩ 유통관리일반, 유통정보실무는 유통정보관리로 내용 통합

⑪ 상업계산실무는 폐지

⑫ 시각디자인일반, 시각디자인실무, 그래픽디자인, 컴퓨터그래픽, 사진은 공업계열로 이관

⑬ 회계실무는 전산회계로 명칭 변경

⑭ 전자계산실무는 정보처리실무로 명칭 변경

⑮ 관광경영실무는 가사실업계열로 이관

⑯ 커뮤니케이션실무, 금융과 생활, 물류관리, 인터넷 마케팅, 인터넷 쇼핑몰관리, 전자상거래일반, 전자상거래실무, 웹 프로그래밍, 멀티미디어일반, 멀티미디어 기획, 멀티미디어 디자인, 창업일반, 경영정보시스템은 신설

8. 2009년 개정 교육과정

2012년 12월 13일에는 특성화 고등학교의 전문교육을 강화하고 교육과정 편성 및 운영의 자율성을 확대하는 것을 골자로 한 교육과정이 고시되었다(교육과학기술부 고시 2012-31호). 이러한 변화는 기존의 특성화 고등학교에 개설되어 있는 학과 및 교육과정이 산업계의 수요를 제대로 반영하지 못하고, 학생들이 배운 능력을 졸업 후 실제 현장에 적용하기에 적합하지 않다는 문제점을 극복하기 위한 것이다. 이러한 맥락에서 특성화 고등학교 및 산업 수요 맞춤형 고등학교를 구분하여 단위 배당기준과 교육과정 편성 · 운영의 중점을 제시하였다.

전문교육을 하는 특성화 고등학교의 상업정보 전문교과는 다음

[표 2-9]와 같다.

| 표 2-9 | 전문교과 2(상업정보과 교과군 중심)

교과	과목				기준학과
계열 필수	상업경제, 회계원리				경영정보과 회계정보과 무역정보과 유통정보과 정보처리과 콘텐츠개발과 전자상거래과 상업디자인과 관광경영과 금융정보과
상업 정보	상업경제, 회계정보처리시스템, 기업자원통합관리, 자료구조, 상업디자인일반, 전자상거래일반, 웹프로그래밍, 창업일반	회계원리, 재무회계, 글로벌경영, 모바일콘텐츠, 상업디자인실무, 전자상거래실무, 금융일반, 컴퓨터일반	마케팅, 원가관리회계, 비즈니스영어, 프로그래밍실무, 유통관리, 미디어컨텐츠실무, 금융실무	기업과 경영, 세무회계, 국제상무, 사무관리실무, 물류관리, 미디어 콘텐츠실무, 커뮤니케이션실무	

자료 : 국가교육과정연구원 자료 중 해당 부분 재정리, 2013.

2009 개정교육과정에서의 특성화 고등학교 운영지침은 다음과 같다.

첫째, 산업 수요와 직업을 고려한 학과 개설 및 교육과정 편성과 운영이다. 학교는 산업 수요와 직업을 고려하여 학과를 개설하고 학생의 취업역량과 경력개발을 고려하여 교육과정을 편성 · 운영할 수 있다. 전문교과를 86단위 이상 편성하며 전문교과는 학생의 경력개발과 특성을 고려하여 필수과목과 선택과목 등으로 구분하여 편성하고 전문역량 향상을 위해 기초지식과 실무 중심의 교육을 운영한다.

둘째, 특성화 고등학교는 학과의 특성을 살리고 학생과 급변하는 산업계의 요구는 능동적으로 수용할 필요가 있다. 따라서 특성화 고등학교는 학생 취업과의 연계성을 높이고 경력개발과 밀접한 관련성을 높일 수 있도록 하였다. 구체적으로 특성화 고등학교와 학과의 세부 전공을 개설할 수 있도록 하여 트랙별 교육의 가능성을 제시하였다. 트랙별 교육은 전공 내 특화된 세부 전공을 정하고 그에 맞는 교육과정을 개설하여 운영하는 것이다(이용순, 2012).

셋째, 특성화 고등학교의 특성과 목표 산업계의 수요를 고려하여 교과의 주제나 내용을 추가 구성할 수 있도록 자율성을 부여하였으며, 교육과정, 교수학습 및 평가를 연계하여 학교의 교육역량을 강화하도록 하였다.

넷째, 특성화 고등학교에서는 직업현장에서 일을 할 때 그와 관계된 기본적인 법과 산업안전보건수칙 등을 알고 있는 것이 중요하다. 개정교육과정에서는 직업기초능력, 직업윤리, 산업안전보건, 노동관계법 등 직업생활에 필요한 공통역량에 대한 교육이 관련 교과 또는 창의적 체험활동과 연계하여 실천할 수 있도록 하였다.

다섯째, 전문교과의 기초가 되는 과목을 선택하여 이수할 경우, 이를 해당 보통교과의 이수로 간주할 수 있다.

여섯째, 전문교과는 필요한 경우 전문과목을 선택하여 편성 · 운영할 수 있다. 또한 학과별 필수과목이 필요한 경우 학교장이 정할 수 있으며 2개 이상의 계열을 운영하는 경우 해당 학과가 속한 계열의 필수과목을 이수할 수 있다.

일곱째, 학교에서 배운 지식과 기술을 경험하고 적용함으로써 다양한 직업적 체험과 현장 적응력 제고 등을 위해 교육과정의 일

환으로서 현장실습을 운영하여야 한다.

여덟째, 창의적 체험활동이 학생들의 진로와 경력개발, 취업역량 제고와 연계될 수 있도록 기존의 창의적 체험활동프로그램과 다르게 산업계 및 학생의 수요에 맞게 차별화할 수 있도록 하였다.

아홉째, 일반고등학교에서 직업교육관련 학과를 설치하여 운영하는 경우는 특성화 고등학교의 단위 배당기준을 비롯하여 관련 교육과정 편성 · 운영지침에 따라 교육과정을 편성 · 운영하도록 한다.

열째, 교육과정에 명시되지 아니한 계열별 교육과정은 유사계열의 교육과정에 준한다. 부득이 새로운 계열의 설치 및 그에 따른 교육과정을 편성할 경우와 학교의 실정에 따라 새로운 과목을 설정하여 운영할 경우에는 시 · 도 교육청의 교육과정 편성 · 운영지침에 의거하여 사전에 필요한 절차를 거쳐야 한다.

9. 2015년 개정 교육과정

2015 교과 교육과정 주요 개정내용은 핵심개념 중심의 학습내용으로 구성하고 진도에 급급하지 않고 학생 참여 중심 수업을 통한 학습 흥미도를 제고하고 창의적 사고과정을 통한 선도형 창조경제를 이끌 창의융합형 인재양성을 지향하고 있다. 또한 특성화고 고등학교 교육과정은 전문교과를 공통과목, 기초과목, 실무과목으로 개편하여 국가직무능력표준(NCS)과 연계를 강화하였다. 다음 [표 2-10]은 전문교과 중 경영금융과 교과군을 설명한 것이다.

2015 개정 교육과정에서 특이점은 전문교과2의 교육과정이 산업현장에서 요구하는 직무 중심으로 직업교육체계를 구축하여 '할 줄 아는 교육'으로 개선하고 국가직무능력표준(NCS)에 기반하여 교육과정을 구성하였다는 것이다.

국가직무능력표준(NCS: National Competency Standards)이란 산업현장에서 직무를 수행하기 위해 요구되는 지식, 기술, 소양 등의 내용을 국가가 산업 부문별, 수준별로 체계화한 것으로 산업현장의 직무를 성공적으로 수행하기 위해 필요한 능력(지식, 기술, 태도)을 국가적 차원에서 표준화한 것을 의미한다.

표 2-10 | 전문교과 2(경영금융과 교과군 중심)

교과(군)	과목군			기준학과
	전문 정통과목	기초과목	실무과목	
경영 금융	성공적인 직업생활	상업경제, 기업과 경영, 사무관리, 회계원리, 회계정보처리시스템, 기업자원통합관리, 세무일반, 유통일반, 국제상무, 비즈니스영어, 금융일반, 보험일반, 마케팅과 광고, 창업일반, 커뮤니케이션, 전자상거래일반	총무, 비서, 사무행정, 회계실무, 구매조달, 공정관리, 공급망관리, 수출입관리, 금융상품 세일즈, 증권거래업무, 보험모집, 고객관리, 매장판매, 노무관리, 인사, 예산과 자금, 세무실무, 자재관리, 품질관리, 물류관리, 창구사무, 카드영업, 무역금융업무, 손해사정, 전자상거래실무, 방문판매	경영사무과 재무회계과 유통과 금융과 판매과

자료 : 국가교육과정연구원 자료 중 해당 부분 재정리, 2019.

NCS 교육과정은 NCS 대분류와 교육과정의 연계 강화를 위해 한국고용직업분류에 따른 인력구조 특성의 분석을 토대로 5개 계열에서 17개 교과군으로 개편하였다. 전문교과체제는 전문공통과목과 기초과목, 실무과목으로 개편하고 보통교과 영역 안에 일부 실용과목을 편성하였다. 특성화 고등학교와 마이스터 고등학교의 졸업생이 수행할 수 있는 직무(일자리)를 명확하게 설정하기 위해서는 NCS 중분류를 활용하여 기준학과를 설정하고 이에 해당하는 인력양성 유형을 설정해야 한다.

국가직무능력표준이 현장의 직무요구서라고 한다면 NCS 학습모듈은 NCS의 능력 단위를 교육훈련에서 학습할 수 있도록 구성한 교수학습자료이다. NCS 학습모듈은 구체적 직무를 학습할 수 있도록 이론과 실습과 관련된 내용을 상세하게 제시하고 있다.

NCS 학습모듈의 특징은 다음과 같다.

첫째, 산업계에서 요구하는 직무능력을 교육훈련현장에 활용할 수 있도록 성취목표와 학습의 방향을 명확히 제시하는 가이드라인의 역할을 한다.

둘째, 특성화고, 마이스터고, 전문대학, 4년제 교육기관 및 훈련기관, 직장교육기관 등에서 표준 교재로 활용할 수 있고, 교육과정 개편 시에도 유용하게 참고할 수 있다(국가교육과정정보센터. 2015).

제3절 직업계 고등학교의 현황

직업계 고등학교가 최근에는 지식 기반사회와 정보화시대의 도래, 고등교육의 요구 증대, 학력인구가 감소하는 추세 등 사회경제적 및 교육여건 변화에 적절하게 대처하지 못함에 따라 정체성의 위기와 교육대상 자원의 부족을 경험하고 있다. 특히 사회 전반의 학력만능주의 및 평생교육체제의 미비로 대부분의 중학교 학생이 대학 진학이 용이한 일반계 고등학교를 선호하며 그 나머지 학생들이 직업교육을 선택하는 풍조가 정착되어 있다. 이로 인해 실업계 출신자 학생들에게 계속적인 교육을 통해 기술 수준 향상과 신분상승의 기회가 봉쇄되고 전문대학 졸업생에게도 계속교육의 기회가 쉽지 않은 실정이다. 따라서 중등 직업교육에 유입되는 학생은 해마다 점차적으로 줄어들고 있다.

고등학교 입학생 현황을 보면 [표 2-11]과 같다.

일반계 고등학교는 2003년 415,122명에서 2006년 440,540명으로 꾸준히 증가하고 있는 반면, 실업계 고등학교는 2006년 167,917명으로 감소를 보이고 있다. 실업계 고등학교 중 상업계 고등학교 또한 2003년 60,337명에서 2006년 56,752명으로 감소하는 추세를 보이고 있다.

표 2-11 상업계 고등학교 입학생 현황

(단위 : 명)

구분	일반계	실업계	상업계
2003년	415,122	178,800	60,337
2004년	424,058	173,062	58,817
2005년	438,357	173,039	58,425
2006년	440,540	167,917	56,752

자료 : 교육인적자원부, 교육통계 연보, 2003-2006.

이처럼 입학생이 감소하는 이유는 사회구조와 학부모의 인식구조 때문이다. 학력 인플레현상의 가속화로 인한 대학 진학의 선호, 노동 경시 풍조, 3D 기피현상 등의 이유로 실업계 고등학교의 입학생 수가 지속적으로 감소되었다.

이에 따라 각 실업계 고등학교는 입학생 감소에 따른 대책으로서 취업과 진학이라는 두 가지 교육 기대를 충족시킬 수 있는 교육 프로그램의 운영 등을 모색해야 하는 형편에 직면해 있다.

직업계 고등학교 중 마이스터고와 특성화고는 전국에 466개교가 있으며, 특성화고 재학 중인 학생의 수는 총 271,446명이다. 특성화 고등학교는 경기도에 71개교로 가장 많고, 서울 70개교, 경북 48개교, 전남 44개교, 부산 34개교, 경남 31개교, 인천 26개교 순이다.

특성화고의 학생 수 현황을 살펴보면, 경기지역이 71개 학교에 52,164명으로 가장 많으며, 서울이 70개 학교 46,734명, 부산 34개 학교 20,712명, 인천 26개 학교 19,518명의 순이다. [표 2-12]는 마이스터고와 특성화고의 현황이다.

표 2-12 마이스터고와 특성화고 현황(2017년)

(단위 : 개, 명)

시·도	마이스터고			특성화고		
	학교 수	학급 수	학생 수	학교 수	학급 수	학생 수
서울	4	96	1,894	70	1900	46,734
부산	3	87	1,736	34	872	20,712
대구	4	99	2,033	15	545	14,626
인천	2	42	824	26	734	19,518
광주	2	31	669	9	280	8,049
대전	2	42	830	10	321	8,570
울산	3	56	1,069	8	243	7,190
세종	0	0	0	1	19	421
경기	2	50	981	71	2,042	52,164
강원	2	30	578	21	379	8,344
충북	3	50	894	23	514	13,395
충남	4	55	1,006	24	465	11,533
전북	4	93	1,842	25	473	11,529
전남	4	65	1,179	44	737	15,642
경북	4	113	2,202	48	653	15,297
경남	3	63	1,194	31	609	13,922
제주	0	0	0	6	146	3,803
계	46	972	18,931	466	10,932	271,446

1) 한국교육개발원 교육통계서비스의 마이스터고와 특성화고의 현황 자료임
2) 일반계 고등학교에서 직업교육과정을 운영하는 학교의 현황은 제외함
자료 : 교육부, 국회입법조사처 제출자료, 2017.10.25.

CHAPTER 03

교과내용의 선정 및 조직

제1절 | 교과내용 선정의 기준

제2절 | 교과내용조직의 일반원리

제3절 | 교과내용조직의 논리적 원리와 심리적 원리

제4절 | 교과내용조직의 수준별 조직원리

제5절 | 교과내용조직의 통합적 조직원리

제1절 교과내용 선정의 기준

학교에서 학습시켜야 하는 지식의 양이 급증됨에 따라서 가르치는 교사의 입장에서는 무엇보다도 교과내용을 정선하여 새롭게 구성하거나 재편성해야 한다. 이 사실은 교과내용의 민주화 내지는 학문의 대중화와 경험주의 교육에 대한 비판과 더불어 교과내용의 현대화를 가져오게 한 중요한 근거가 되었다.

학습내용을 양적으로나 질적으로 선정한다고 하는 작업은 교과내용의 현대화와 과학화를 위해서 필요하고 학습자의 부담을 줄이고 교사의 질 높은 수업효과를 위해서도 필요하다. 선정되지 못한 다량의 지식과 정보를 망라해서 가르친다는 것은 빠르게 변화하고 있는 정보나 지식사회에 따라가도록 하기 위해서는 역부족이다.

학습내용을 양적 · 질적으로 선정한다는 것은 근간을 이루고 있는 근본적인 골격을 분명하게 추출하는 것을 의미한다. 이를 지식의 구조라고 하는 교과의 구조 또는 교재의 구조라고도 한다. 중심개념과 기본요소의 구조적 관계 및 기본요소 상호 간의 구조적 관계를 파악해야 하는 것이다. 여기서 중심개념은 교과내용의 핵심이며 기본요소란 교과내용을 이루고 있는 몇 개의 지주와 같은 것이다.

어떤 내용을 교과 속에 담아야 할 것인가의 문제는 교육의 목적과 교과의 목표달성을 결정짓는 중요한 조건 중의 하나이다. 아무리 훌륭한 목적이나 목표가 설정되었다 할지라도 구체적으로 그것을 교과내용 속에 충분히 반영하지 못하면 목적을 달성했다고 할 수 없다. 따라서 교과내용 선정의 기준을 열거하면 다음과 같다.

1. 타당성과 유의미성의 기준

교과내용이 관련하는 학문에 내재하고 있는 본질적인 내용을 얼마나 충실하게 담고 있는가를 의미한다. 이돈희는 교육타당성의 측면을 다음과 같이 보았다. 타당성이란 첫째, 교육대상에의 타당성이다. 교육내용은 교육받을 대상인 학습자의 특성에 비추어 보았을 때 타당한 것이어야 한다. 학습자의 발달 수준이나 특성, 학습자가 속한 사회 · 문화적인 배경에서 보았을 때 선정된 내용이 효율적으로 학습되어야 한다. 둘째, 교육계획에의 타당성이다. 교과로서 선정된 내용과 학교가 달성하고자 하는 교육목적, 교육기간, 주어진 환경과 여건, 그리고 교육에 대한 사회적 필요 등에 비추어서 타당한 것이어야 한다. 셋째, 교육방법에의 타당성이다. 선정된 교육내용은 그것을 교수하기 위해 우리가 선택할 수 있는 교수–학습방법에 타당한 것이어야 한다. 아무리 좋은 교육내용이라고 할지라도 그것을 효과적으로 가르칠 만한 교수–학습방법이 없다면 효과를 거둘 수 없다.

2. 유용성의 기준

교과내용에 사회적 요구가 얼마나 잘 반영되었느냐를 뜻한다. 학습자의 필요와 욕구가 반영되어야 하는 측면도 있겠지만 중요한 것은 학습자의 노력과 지적 훈련을 경시한 단순한 학습자의 흥미 중심의 내용이 되어서는 안 된다. 학습자의 자율이나 창의성을 무시한 성인 중심의 일반적인 내용도 비교육적이다. 교과내용은 개인과 사회의 건전하고도 조화로운 발전적인 전망의 시각에서 현실적인 필요와 요구가 반영되어야 한다.

교과의 유용성은 학습자의 측면에서 유용성뿐만 아니라 사회·정치적 측면에서도 고려될 수 있고, 교육목적의 측면에서도 고려될 수 있다. 즉 교과의 내용은 그것이 교육에 대한 사회적 요구에 얼마나 부합되는지 또는 의사결정자의 요구나 그들의 정책에 얼마나 잘 부합하는지, 그리고 학교가 세워놓은 목표의 달성에 얼마나 효과적인지를 따져보아야 한다.

3. 교수-학습 가능성의 기준

교과내용은 교사에게는 가르칠 수 있는 내용이어야 하며, 학습자에게는 학습이 가능한 것이어야 한다. 아무리 내용이 탁월하게 훌륭해도 현실적으로 교수-학습이 불가능한 것이라면 무의미한 것이 되고 만다. 그러나 이때 유의하여야 할 것은 교과내용이 너무도 수준이 낮아서 특별히 지적으로 노력하지 않아도 학습이 가능한 수준보다는 약간의 문제의식을 자극하고 지적인 사고를 요하는 수준의 내용을 선정하는 일이 중요하다.

4. 내적 · 외적관계의 기준

교사는 모든 것을 가르칠 수 없고 어떤 것을 특별히 선택해서 가르쳐야 하기 때문에 교과내용의 선정기준이 마련되어야 한다.

교과의 내용은 목표달성을 위한 최선의 수단이 될 수 있는 것이어야 한다. 이 경우 교과의 가치는 교육목표를 얼마나 달성했는가에 달려 있다. 따라서 교과의 내용은 그 자체로서 가치가 있다기보다는 그것이 목표달성에 얼마나 유용한가에 달려 있다. 이것은 교과내용의 가치를 교과 외적인 것, 즉 학습자의 흥미나 필요, 사회적 요구 등을 조사하여 정해진 목표달성의 수단으로서 적절한가에 두기 때문에 내용 선정의 외재적 기준이 된다.

그러나 반대로 교과가 그 자체로서 가르칠 만한 가치가 있기 때문에 가르쳐야 한다고 하는 두 번째 주장도 있다. 이때의 교과는 미리 제시된 교육목표를 달성하기 위한 효과적인 수단이 되기 때문에 가치가 있는 것이 아니라 그 자체로서의 내재적 가치를 갖기 때문에 교과가 되어야 한다는 것이다. 이 경우 교과는 지식 그 자체의 성격이나 본질에 충실해서 선택하게 된다. 이것을 내용 선정의 내재적 기준이라고 한다.

교과내용을 관련하는 학문 분야 안에서 다른 내용들과 유기적인 관련이나 연계(articulation)를 이루고 있어야 한다. 이는 학문의 본질로 보아 학문에는 여러 가지 수준의 개념(concept), 법칙(law), 이론(theory)들이 독특한 위계적 구조를 지니고 있기 때문에 교과내용도 그와 같은 구조적 관련성을 살려서 하향적 수준이나 상향적 · 병렬적 수준에서 다른 내용과 상호 관련성을 지니고 있어야 한다.

5. 발달과업의 기준

발달과업은 개인의 생애에 걸쳐서 어떤 특정시기에 해결하고 학습해야 하는 과업이며 이 과업을 훌륭하게 성취하면 다음 발달이 그만큼 순조롭게 되며 행복을 누릴 수가 있고 후일에 겪게 될 다른 과업도 성공적으로 성취하게 된다. 그러나 만일 이를 실패하면 개인적으로 불행해질 뿐만 아니라 사회의 인정도 못받고 후일에 겪을 다른 과업의 달성도 어렵게 된다. 이와 같은 발달과업은 신체적 성숙, 개인에 대한 문화적 과정의 압력, 인격이 욕구와 가치관으로부터 주어지고 대체적으로 이들의 상호작용으로 이루어진다. 따라서 교과내용은 피교육자의 각 발달단계에 주어진 과업을 성공적으로 달성하고 학습할 수 있도록 선정되어야 한다.

제 2 절 교과내용조직의 일반원리

선정된 교과내용을 조직하는 데는 기본적으로 두 가지 측면이 있다. 수직적 조직(vertical organization)과 수평적 조직(horizontal organization)의 측면이다. 수직적 조직은 종단적 시각에서 교과내용의 요소를 종적 · 순차적으로 배열하는 측면이고 수평적 조직은 횡단적 시각에서 교과내용의 요소를 횡적으로 병립 · 배열하는 측면이다. 여기서 수직적 조직은 계열성과 연속성의 원리에 의해서 수평적 조직은 범위와 종합성의 원리에 의해서 이루어진다.

1. 계열성의 원리

계열성(sequence)은 교과의 선행내용을 기초로 하여 후속내용이 전개되어서 점차적으로 내용의 발전적 심화 · 확대를 더해 가는 것을 의미한다. 브루너(J. S. Bruner)가 주장한 유선형 교육과정(spiral curriculum)의 원리와 같다. 이 계열성을 살리기 위해서 단순하고 구체적인 내용을 복합하고 추상적인 내용으로, 친숙하고 가까운 내용에서 생소하고 멀리 있는 내용으로, 부분적인 내용에서 전체적인 내용으로, 전체에서 부분적인 내용으로, 선수내용에서 다음 내용으로 역사적 사상을 발생 순서대로 내용을 조직화한다. 이와 같은 계열성은 전적으로 관련 학문이나 해당 교과의 본질과 구조에 따라서 내용이 달라지게 된다.

계열성은 학습자의 학습능력을 고려하면서 교과내용을 순차적으로 조직하는 학습과정 측면에서 보는 계열성도 유지해야 한다.

2. 연속성의 원리

연속성(continuity)은 교과내용조직에 있어서 내용의 여러 요소가 완전히 학습되기 위해서는 어느 정도 계속해서 반복되어야 한다는 것을 말한다. 그러나 여기서 말하는 반복은 동일요소의 단순한 반복이 아니라 점진적인 심화·확대·향상을 꾀하는 반복이며 특정개념의 학습에서 이해가 더욱 깊어지고 적용범위가 넓어지고 분석이 정밀해지고 보다 더 의미 있는 종합학습이 되도록 하는 조직을 뜻한다.

3. 범위의 원리

범위(scope)는 교과내용의 폭과 넓이를 뜻하며 이는 학습자의 발달 수준과 제한된 여건 속에서 가장 알맞은 범위로 조직함을 뜻한다. 이 원리는 일반교육과 특수교과, 필수교과와 선택교과, 도구교과와 내용교과 등을 어떻게 균형 잡아가고 단일 교과 속에서 지적·정의적·정신운동적 영역을 어떻게 균형 잡아가느냐의 문제도 포함한다.

4. 종합성의 원리

종합성(integration)은 개개의 학습경험들이 상호 연결되고 종합됨으로써 보다 효과적인 학습과 성장을 촉진할 수 있다는 점에서 필요한 조직의 원리이다. 예를 들어 사회과에서 학습된 이해나 태도가 다른 교과 영역에서의 경험과 관련되어 반복·활용·보강되도록 한다든가 생물교과에서 학습한 내용들이 사회과에서 자연보

호문제를 지도할 때 여기에 다시 연결되어 새로운 각도해서 학습할 수 있는 것을 말한다. 또한 종합성은 각급 학교 수준 간, 학년 수준 간의 종적인 연계성의 의미도 포함하고 있다.

제 3 절 교과내용조직의 논리적 원리와 심리적 원리

교과내용을 조직함에 있어서 학습자의 경험을 중심으로 조직하면 심리적 조직이라 할 수 있고, 교과내용을 전문가나 교사의 견해 또는 각 학문의 논리적 특성을 준거로 하여 교과를 조직하는 것을 논리적 조직이라고 한다.

1. 논리적 원리의 조직

허스트(1970)는 교과의 논리적 조직을 주장하였는데 교과교육은 교과를 학습한 상태의 마음을 갖게 하는 데 목적이 있다고 하였다. 교과를 학습한 상태의 마음이란 역사를 배우고 난 결과 역사적인 사고를 할 수 있게 되는 것을 말한다. 이것은 피터스(1966)가 안목의 형성을 교과교육의 목적으로 삼는 것과 같은 것이라고 할 수 있다. 따라서 그들이 가르칠 내용으로서 제시한 일곱 가지의 지식의 형식 안에 입문하는 것이 무엇보다도 중요하다. 이를 위해서 교과는 각 학문의 개념구조나 논리적 체계를 충실히 반영하여 논리적으로 조직되어야 한다. 그리고 교수–학습은 그 순서에 따라서 진행되어야 한다.

허스트(1970)는 교과의 논리적 조직을 위해서는 무엇보다도 해당 학문에 대한 논리적 분석이 선행되어야 한다고 하였다. 그 분석에 기초해서 교과가 조직되어야 한다. 모든 지식의 형식에는 두 가지 논리적 관계의 수준이 존재한다.

첫째, 논리적 문법인데 논리적 관계의 수준이 논리적 문법은 각 지식의 형식에는 특정개념들이 있고 이 개념들 간에는 서로 연결되는 관계망이 존재한다. 그리고 개념 간의 관계로 인하여 의미 있는 명제가 형성된다. 개념들의 관계망은 의미 있는 명제들을 만드는 데 필수조건이다. 논리적 문법이란 지식의 형식에서 용어들이 의미 있게 사용되기 위한 규칙들, 즉 개념과 개념 간의 관계망을 뜻한다.

둘째, 논리적 관계의 수준은 개념들 간의 관계망을 넘어서는 논리적 계열이다. 이 수준에서는 지식을 논리적으로 타당하게 진술하기 위한 명제들 간의 관계망이 존재한다. 지식에 대한 타당한 진술은 논리적 문법에 맞는 명제들을 사용하여 이들 명제들 간의 관계망을 통해서 이루어진다. 즉 명제들을 논리적으로 연결하는 관계망에 의해서 지식의 형식은 논리적 계열을 이룬다. 이들 논리적 계열은 사용하는 명제의 타당성을 전제로 한다. 따라서 모든 교과에서의 타당한 설명은 이미 증명된 명제들이 논리적 계열을 이루는 것과 같은 누적적인 명제의 수립에 의존하다. 따라서 역사적인 설명이나 과학적인 설명과 같은 지식의 형식에 대한 타당성을 검증하는 준거는 설명을 위해 동원되는 개별 명제들의 타당성이다.

즉 지식의 형식에서 타당성 있는 설명은 검증을 통하여 진실로 밝혀진 명제들의 논리적 계열을 기초로 확립된다(김대현, 1994).

지식의 형식 내에 두 가지 수준의 논리적 순서가 존재한다면 교과의 조직에 대하여 두가지를 유념해야 한다.

첫째, 모든 지식에 논리적 문법이 존재한다면 명제는 그 의미를 갖기 위해서 각 지식의 형식이 갖는 논리적 문법에 반드시 일치해야 한다. 즉 교과의 내용이 되는 모든 명제는 반드시 그 교과의 논리적 문법에 따라야 한다.

따라서 학습자가 새로운 개념을 학습한다는 것은 그 교과의 복잡한 논리적 문법을 익히는 것이며 개념과 개념을 논리적 문법에 맞게 서로 관련짓는 것이다. 처음에는 모호한 상태에 있는 개념들은 좀 더 철저하게 논리적 문법을 학습해 감으로써 보다 정련된 개념을 갖게 된다. 이러한 과정을 통하여 새로운 개념을 획득할 때에 이미 우리가 가지고 있는 개념에 의존하게 된다. 즉 어떤 개념들은 그들의 의미를 논리적으로 우선하는 다른 개념들과의 관계에서 갖게 된다(Hirst, 1970).

둘째, 모든 지식의 형식에 논리적 계열이 존재한다면 가르쳐야 할 교과는 명제가 제시되어야 하는 순서를 가지며 교과의 조직이나 교수의 순서는 이 논리적 순서를 따라야 한다. 논리적 계열은 설명의 타당성이나 정당화에 관련된다. 논리적 문법에서의 논리적 순서는 명제의 형성에 필수적 순서이지만 논리적 계열에서는 그렇지 않다. 논리적 계열에서의 순서의 요소는 지식의 정당화문제에 관련한다.

가장 엄격한 논리적 계열을 갖는 교과에서조차도 교과의 명제들을 학습자에게 가르칠 수 있는 있는 단 하나의 논리적 계열만이 존재하는 것은 아니다(Hirst, 1970).

개념과 개념을 관련짓는 논리적 문법에서는 반드시 논리적 순서를 따라야 하지만, 논리적 계열에서는 유일한 한 가지의 논리적 순서를 따를 필요는 없다. 지식의 형식은 그것의 타당성을 확립시키기 위해서 명제들을 엄격한 순서로 진술하여야 하며 어떠한 형태의 논리적 계열이든지 간에 하나의 특정한 논리적 계열을 따라서 조직하고 가르쳐야 한다(Hirst, 1970).

2. 심리적 원리의 조직

허스트는 교과의 조직에 대한 이론에서 학습자가 어떠한 과정을 통해서 지식을 획득해가는가에 대한 고려는 배제하였다. 그러나 학습자는 교육내용과 함께 교육에 있어서 고려해야 하는 중요한 요소이다. 특히 학습자의 지식획득과정에 대한 이해는 교과조직을 앞에서의 논리적 조직과는 다른 형태의 조직을 하도록 요구한다.

교과의 논리적 측면과 심리적 측면, 그리고 논리적 방법에 대한 듀이(J. Dewey)의 설명은 교과를 심리적으로 조직하도록 요구한다. 즉 교과는 학습자의 구체적인 경험이 실제적으로 이루어지는 과정에 따라서 조직되어야 한다는 것이다. 교과는 학습자가 실생활에서의 문제 상황을 인식하고 이를 반성적 사고의 과정을 거쳐서 해결하는 과정을 따르도록 조직되어야 한다. 이것은 학문의 논리적 순서에 따라서 조직하는 것이 아니라 학습자들이 문제 상황 속에서 문제를 반성적 사고에 의해 해결하는 것을 교과로 해야 한다는 것이다. 교과는 반성적 사고의 대상이 될 수 있는 학습자의 경험을 그 내용으로 담아야 한다. 듀이는 학습자의 경험이 실제로 성장해가는 과정을 따르는 교과의 조직이 이루어져야 한다고 하였다.

중등학교의 교과조직을 살펴보면 대부분이 학문의 논리적 순서를 따르고 있다. 그러한 논리적 조직은 학생들 자신의 경험이나 그들의 삶과 너무 다르다고 느끼게 되고 학생들은 공부가 자신들의 삶과는 관련이 없다고 생각하여 학습에 흥미를 잃고 무관심해진다. 따라서 학습자의 내재적 욕구를 자극하여 학습의욕을 일으키기 위해서는 교과의 조직이 학습자의 경험과 결합할 필요가 있으며 교과는 심리적으로 조직되어야 한다.

제 4 절 교과내용조직의 수준별 조직원리

조직에 있어서 또 하나의 고려요인은 수준에 따른 조직형태이다. 수준에 따른 조직의 형태는 상위 수준의 조직형태, 중간 수준의 조직형태, 하위 수준의 조직형태로 나눌 수 있다(Tyler, 1949).

1. 상위 수준에서의 조직형태

상위 수준에서의 조직형태는 여러 개의 상이한 교과들을 조직하는 형태를 말한다. 서로 다른 교과는 따로 구분하여 조직할 수도 있지만 둘 또는 그 이상을 서로 관련지어 조직할 수도 있다.

조직의 일반적인 합의가 있어야 하는데 교과를 과목별로 구분하여 조직할 것이지 아니면 유사한 교과목을 커다란 상위의 광역 교과로 묶을 것인지, 아니면 중핵 교과과정으로 묶을 것인지를 결정해야 한다.

7차 교육과정의 경우 초등학교 1학년의 슬기로운 생활, 바른생활, 즐거운 생활과 중 · 고등학교에서의 사회와 과학과목은 교과간의 통합을 지향하는 광역 교과를 선택하고 있다. 그러나 나머지 교과들은 분과주의적인 조직형태를 취하고 있다.

2. 중간 수준에서의 조직형태

중간단계에서의 조직이란 한 교과 내에 포함되는 내용들을 구분하는 방식을 의미한다. 상위 수준에서 결정이 이루어지고 나면 그 다음에는 한 교과 내에서 적용될 일반적인 조직의 원리에 대한 합의가 이루어져야 한다. 예를 들어 사회과의 경우 우리나라 지역사회문제에서부터 시작하여 세계적인 문제로 넓혀갈 것인지, 아니면 연대순으로 조직할 것인지를 결정해야 한다.

7차 교육과정에서는 초등학교 1학년에서부터 고등학교 1학년까지의 교과조직은 연속적인 형태를 취하도록 하고 있다. 이러한 경우 한 개의 교과내용을 일관성 있게 수직적인 계열성이나 통합성에 기초하여 조직할 수 있다.

사회과의 경우에 사회Ⅰ, 사회 Ⅱ, 사회Ⅲ 등으로 하나의 교과를 여러 개의 하위 교과로 나누어서 조직하는 형태가 있을 수 있다.

3. 하위 수준에서의 조직형태

조직을 하루하루의 수업을 단위로 할 것인지, 주제에 따라서 조직할 것인지, 단원에 따라서 할 것인지 결정하는 최소의 조직 단위에 대한 합의가 있어야 한다.

가장 낮은 수준의 조직형태는 다음과 같다.

① 하루 단위로 학습내용을 구성하는 시간 단위이다. 하루 단위로 내용을 구성하면 매일의 수업시간에서 다루는 내용들은 서로 관련을 갖지 않고 독립적인 것이 된다.

② 며칠 또는 몇 주 동안 다룰 수 있는 주제들로 교과내용을 조직하는 경우이다.

③ 단원별 조직이다. 최근에 가장 많이 사용되고 있는데 단원은 보통 몇 주 동안의 수업내용을 포함하고 있으며 문제나 교과의 주요 주제별로 조직된다.

제5절 교과내용조직의 통합적 조직원리

우리나라는 1981년 제4차 교육과정 개정에서 처음으로 통합교육과정을 채택하여 교과를 통합적으로 조직하였다. 초등학교 1학년 교재인 '우리들은 1학년'과 1, 2학년의 바른생활, 슬기로운 생활, 즐거운 생활 등이 예이다.

중학교, 고등학교 교과서도 과학 · 사회 등이 통합적으로 조직되었지만 이것은 통합의 정도로 가장 약한 의미의 통합이다.

근래 들어 강조되는 교과에 대한 통합적 조직의 경향성은 평가에도 반영되어 학생들은 이러한 문제를 해결하기 위하여 여러 교과의 지식을 동원해야 한다. 이러한 경우 학교에서는 교과 간의 통합적 이해를 위한 통합적 조직이나 통합적 교수가 필요하다.

교과의 통합적 조직을 핵심내용으로 하는 통합교육과정은 학생들이 학교생활을 하는 동안에 겪는 각기 다른 학습경험들을 상호관련지어서 전체로서의 학습이 이루어지도록 하는 것이다.

첫째, 교과를 통합적으로 조직한다는 것은 우선 시간상 먼저 배운 것과 나중에 배운 것을 통합한다는 의미이다.

둘째, 학교에서 배운 내용을 생활 속의 경험과 통합한다는 의미이다.

셋째, 교과와 교과 간 또는 한 교과 내에서의 서로 다른 내용들 간의 통합을 의미한다.

통합적 조직은 전통적으로 학문 또는 지식의 체계에 따라서 분과주의적으로 교과를 구성하고 교과 중심으로 교육내용을 선정하고 조직하던 것에서 탈피하여 교과 간의 엄격한 구분을 고려하지 않고 각 교과의 지식이나 경험을 필요한 대로 가져다 재구성하여 학생의 흥미 중심, 문제 중심으로 구성한다.

학문이나 지식을 아동의 필요와 생활의 장면에 비추어 전체적으로 재구성하는 것이다.

CHAPTER 04

교과교육에서의 교수학습방법

제1절 | 강의법
제2절 | 탐구식 수업
제3절 | 토의식 수업
제4절 | 시뮬레이션
제5절 | 역할놀이
제6절 | 시범
제7절 | 논술교육

제1절 강의법

교과의 특성에 상관없이 대부분의 수업에서 가장 많이 쓰이는 교수–학습방법이 설명식 수업모형에 해당하는 강의법이다. 그러나 교사에 의하여 일방적으로 이루어지는 수업이기 때문에 많은 장점에도 불구하고 단점도 가지고 있다.

현재 우리 학교에서 진행되고 있는 대부분의 수업은 강의에 의존하고 있다. 강의법이란 교사의 설명에 의하여 수업 전체를 진행해 가는 설명식 수업방식이다. 이 방법은 손쉽고 경제적이다. 한꺼번에 상당히 많은 수의 학생들을 대상으로 동시에 교과의 내용을 전달할 수 있기 때문이다. 교구나 교재 준비도 필요 없고 교사의 언어적 표현에 의해서 모든 것을 전달하면 된다. 이러한 교수법은 구체적인 사례를 들 필요가 없는 대학생이나 대학원생, 성인을 대상으로 하는 수업에서는 유용하다.

강의법의 단점은 강의에서 교사의 말로 지식이 전달되고 학생은 수동적으로 앉아서 듣기만 한다. 능숙한 강의는 학생들의 흥미를 불러일으키고 생각하고 의문을 품게 하고 새로운 시각을 갖게 하고 관련 없어 보이는 사실과 개념들을 서로 관련짓고, 그것들을 요약 · 종합 · 검토하게 된다. 그러나 대부분의 강의에서는 그렇지 못하고 학생들은 강의로부터 많은 것을 학습하지 못한다.

강의법이 실패하는 이유는 다음과 같다(Callahan & Clark).

첫째, 대부분의 강의는 아주 잘 계획된 좋은 강의가 아니다.

둘째, 강의는 학생을 수동적으로 만든다. 바람직한 정신적 활동은 앉아서 듣기만 할 경우는 잘 생겨나지 않는다.

셋째, 강의의 상황은 대부분 상호작용이나 탐구의 기회를 거의 제공하지 못한다.

넷째, 학생들에게 강화를 거의 제공하지 못하여 강의내용이 특별하지 않는 한 학생들은 잘 듣지 않는다.

다섯째, 교사는 특별한 강의를 준비할 만한 시간적인 여유가 없다.

강의는 교사의 설명에만 의존하기 때문에 교사의 특성이 학습의 효과에 영향을 미칠 수 있다. 강의에 영향을 미치는 교사의 특성에는 교사가 얼마나 가르칠 내용을 이해했는지, 어느 정도의 이해 수준에 있는지, 언어적 표현능력이 얼마나 뛰어난지가 가장 문제가 된다고 할 수 있다.

설명에는 교과에 대한 교사의 이해 정도가 반영된다. 이해 수준이란 교과내용을 얼마나 깊고 넓은 수준에서 이해하고 있느냐, 이것이 우리의 삶에서 가지는 의미에 대하여 어떤 해석을 하고 있느냐를 뜻하는 것이다. 교사는 자신이 이해한 것만을 가르칠 수 있고 교사의 이해 수준은 학생들에게 전달하는 교과내용에 대한 설명을 달리 하기 때문에 대단히 중요하다.

또한 교사는 교과에 대하여 아는 것 못지 않게 표현하는 능력이 중요하다. 교사는 무엇인가를 남에게 설명하여 이해하도록 해야 한다. 따라서 아는 것 못지 않게 설명하고 표현하고 이해시키는 능력이 필요하다. 이것은 교사의 언어적 표현능력에 의존한다.

수업이란 일종의 교사와 학생 간의 의사소통과정이다. 교수-학습과정은 교사와 학생 간의 의사소통과정이라고 할 수 있다. 수업이 효과적으로 이루어지기 위해서는 교사와 학생들 간의 의사소통이 원활하게 이루어져야 한다. 효과적인 의사소통은 언어적 유창성 이외의 다음과 같은 것을 필요로 한다(Cole & Chan).

1. 메시지의 설정

의사소통과정에서 송신자는 제일 먼저 전달하고자 하는 아이디어를 결정한다. 교실에서 송신자의 역할은 교사가 하게 되며 교사는 학생들에게 전달하고자 하는 교수의 내용, 즉 무엇을 가르칠 것인가를 결정한다. 전달하고자 하는 내용을 명료화하거나 일관성 있고 의미 있는 계열로 만들어야 한다. 교과수업에서는 다른 사람들이 개발해 놓은 교과서 속의 내용이나 자료 단원을 재해석하거나 조직한다.

2. 메시지의 암호화

메시지의 암호화는 아이디어를 수신자인 학생들이 이해할 수 있는 형태로 바꾸는 작업이다. 메시지의 내용을 언어나 상징, 그림, 도표 등으로 바꾸는 것을 의미한다. 이때 중요한 것은 전달할 메시지를 어떻게 학생들이 이해할 수 있는 것으로 암호로 바꿀 수 있는가이다. 따라서 메시지의 암호화는 학습자가 갖고 있는 선행학습의 정도, 발달단계, 언어 이해의 수준 등이 고려되어야 한다.

3. 메시지의 전달

메시지의 전달은 의사소통을 위한 적절한 통로와 전달방법을 선택하는 것이다. 전달의 통로란 그것이 시각을 통한 것인지 아니면 청각을 통한 것인지에 관한 것이다. 또는 이들을 동시에 사용할 수도 있다. 예를 들면 메시지를 전달하기 위해 언어적인 설명이나 글을 이용할 수도 있고 슬라이드나 사진, 컴퓨터 등을 사용할 수도 있다.

4. 메시지의 해석

의사소통과정에서는 끊임없는 정보의 교환과 해석이 이루어진다. 전달된 메시지는 본래 송신자가 의도한 대로 수신자에 의해서 받아들여져야 한다. 메시지의 해석과정은 주의집중을 요하는 능동적인 과정이다. 학생은 교사가 제시하는 메시지의 내용에 관심을 가지고 주의를 기울여서 메시지로부터 중요한 아이디어를 끄집어내고, 이미 알고 있는 지식과 관련짓고 비교해가면서 의미를 해석해야 한다.

물리적인 환경, 즉 소음, 기후, 온도 등도 메시지의 해석에 영향을 미친다. 피로, 관심의 결여, 주제의 난이도 등도 학생의 메시지의 수용과 해석에 영향을 미친다.

5. 피드백

피드백은 전달된 메시지에 대한 수신자의 반응을 송신자가 전달받고 메시지의 전달이 잘못되었을 경우 메시지의 의미를 바로잡고 조종하는 과정이다. 메시지가 전달된 후 수신자는 송신자에게 어떤 반응을 보인다. 즉 수신자는 메시지에 대한 반응을 몸짓이나 얼굴표정, 언어 등으로 나타낸다. 교사들은 학습자들의 이러한 반응에 민감해야 한다. 이러한 반응은 곧 교사가 제시하는 내용을 학습자가 얼마나 이해했는가를 판단하는 단서가 되기 때문이다. 교사는 학생이 보내오는 반응에 따라서 피드백내용을 결정해야 한다. 교사와 학생 간의 의사소통을 효과적으로 하기 위해서는 피드백을 효과적으로 사용하여야 한다.

제2절 탐구식 수업

피터스와 허스트 등 대부분의 학문 중심 교육과정 학자들은 지식에 관한 관점에 근거하여 학문을 탐구하는 방법을 가르쳐서 각 학문의 특징적인 사고와 인식의 방법을 이해시키고자 하였다. 이들은 지식의 두 가지 측면을 구분한다. 즉 지식은 결과적 측면으로서의 각각의 논리와 개념을 가지며 과정적 측면으로서 탐구방식을 갖는다는 것이다. 따라서 교과를 제대로 가르치기 위해서는 탐구의 방식에 관해서도 가르쳐야 한다.

우리나라의 제7차 교육과정이 제시하는 교과교육의 목적을 보면 사회과의 경우 사회현상에 관한 기초적 지식은 물론 사회과학의 기본개념과 원리를 발견하고 '탐구하는 능력'을 익힐 것을 목적으로 하고 있다.

개별 교과교육에서는 각 교과의 독특한 탐구의 방법을 밝히고 그것을 적용한 교수-학습방법을 개발해야 한다. 과학적 방법에 의한 탐구방식은 대부분 공통적으로 적용되는 탐구방식이다. 문제 상황 속에서 가설을 세우고 그것을 입증할 수 있는 증거를 찾아 가설을 확인하고 일반화하는 절차는 거의 모든 교과에서 적용할 수 있는 방법이다.

탐구와 발견으로 이루어지는 대표적인 교수-학습방법에는 문제해결학습과 발견학습, 탐구학습, 구안학습 등이 있다. 탐구와 발견이라는 용어는 사실상 정확하게 같은 의미를 갖지는 않지만 이 둘은 공통점이 많다. 탐구와 발견은 과학적인 탐구방식을 적용한다. 문제 상황에서 가설을 세우고 그것을 뒷받침할 수 있는 증거를 찾아 가설을 검증하고 이를 일반화한다.

이들 교수방법의 공통점은 문제 상황 속에서 어떤 원리나 개념을 찾아내어 문제를 해결하고 그 원리를 새로운 상황에 적용할 것을 학생들에게 기대한다는 점이다. 이러한 방법들은 교사가 직접적으로 전해준 것보다 훨씬 의미 있고 영구적이며 전이가 잘 된다는 장점을 가지고 있다. 탐구와 발견의 방법은 학생들을 동기유발시킬 수 있으며 지적 기술을 배워서 연습하고 합리적으로 사고하는 것을 배울 수 있다. 또한 학문의 구조를 알고 지적 과정을 이해하며 학습하는 방법을 배울 수 있는 기회를 준다. 또한 학생을 수업에 능동적으로 참여시킬 수 있다.

그러나 이러한 방법은 많은 시간과 노력이 필요하며 학생들이 알아야 할 모든 내용을 다루기에 시간이 너무 많이 걸리고 탐구의 결과가 교사의 의도와는 다를 수 있다는 단점이 있다. 학생이 잘못된 결론에 도달되면 설명식 수업보다 바로잡기가 어려워진다(Callahan & Clark).

유능한 교사는 특정의 교수–학습 상황에서 가장 적합하다고 생각되는 탐구, 발견, 설명식 수업을 혼합해서 사용해야 한다.

집단탐구 학습모형은 집단의 일원으로서 수업활동에 적극적으로 참여하도록 유도함으로써 학생들에게 지식이나 정보를 터득하고 조직하는 방법을 가르쳐주는 데 근본 취지를 두고 있는 학습형태이다. 이를 통하여 학생들이 공동으로 문제해결활동에 참여하는 동안에 다양한 주제를 효율적으로 다루는 방법뿐만 아니라 바람직한 기능을 학습시키는 데 도움을 줄 수 있다.

제 3 절 토의식 수업

토의학습은 학습자들 간에 또는 학습자와 교사 간에 의견이나 정보, 아이디어를 상호 교환하면서 문제를 해결하는 수업방식이다. 토의학습은 구성원 서로가 의견을 발표함으로써 개인이 혼자서는 해결할 수 없는 문제를 공동의 집단적 사고로 해결하고자 한다는 것이다. 이는 한 집단의 사고는 그 집단의 가장 총명한 개인의 사고보다 더 훌륭한 판단에 도달할 수 있기 때문이다.

또한 토의과정에서 학생들이 자신의 의견을 자유로이 발표하고 다른 사람의 의견을 들으면서 자유와 협동의 정신을 기르고 민주시민으로서의 기본자질을 함양할 수 있다.

교사는 전체 학습활동을 단순히 듣는 수업에 초점을 맞추는 것이 아니라 학생의 상호작용적 참여와 순수한 토의와 탐구에 초점을 맞추는 수업을 진행하도록 해야 한다. 개방된 토의는 서로 다른 가치관, 신념, 통찰력, 행동규범, 믿음 등의 차이를 드러내고 자신의 가치관이나 믿음 등을 검토하거나 정당화할 기회를 제공한다. 참가자들은 토의를 통해서 새로운 생각에 대해 개방적인 태도를 갖고, 자유로운 사고를 하며, 해결해야 하는 문제의 답을 찾을 수 있다(Callahan & Clark).

교사가 토의시간을 잘못 활용할 경우 학생들은 토의에 참가하지 않고 멋대로 시간을 보내고 주의가 산만해질 우려가 있다. 교사가 토의에 개입하지 않아도 효과가 떨어지므로 교사는 분단토의 중에 교실을 돌아다니면서 도움을 준다. 학생들 간의 토의에 교사가 지나치게 개입하는 것은 지양한다. 분단토의의 경우 집단의 크기는 4~8명 내외로 한다.

토의학습에는 버즈학습, 원탁토의, 공개토의, 강연식 토의 등이 있다.

1. 버즈학습

버즈(buzz)학습은 수업이 진행되는 교실이 마치 벌이 윙윙대는 소리와 같이 와글와글 시끌벅적하기 때문에 붙여진 이름이다. 버즈학습은 4~7명으로 구성되는 비교적 작은 집단으로 이루어지며 학생들이 서로 잠깐 동안 만나서 의견을 교환한다. 이 학습은 15~20분을 초과하지 않는데 사전에 해야 하는 어떤 형식적인 준비도 필요 없다.

교사는 학년 초에 학생들이 서로 빨리 친해지도록 하기 위해서 버즈학습을 사용할 수 있다. 또한 교과의 일정부분에 대한 비형식적인 토론에서도 사용할 수 있다.

2. 원탁토의

다섯 명 내지 그보다 적은 참가자들로 이루어진 비공식적인 집단이다. 참가자들 전원이 상호 대등한 관계 속에서 정해진 주제에 대하여 자유롭게 의견을 교환한다. 원탁토의는 자신의 아이디어나 의견, 관점 등을 변경할 수 있기 때문에 상대방의 의견을 청취하고 민첩하게 대응할 수 있는 방법을 배울 수 있다.

3. 공개토의

1~2명의 전문가가 10~20분간의 공개 연설을 한 후에 대화를

주고받는 형식이다. 사회자의 역할이 중요하며 사회자는 공개 연설의 시간을 조절하고 청중들의 질문이나 발언을 유도하고 통제한다.

4. 강연식 토의

주제에 대하여 여러 가지의 입장이 있을 때 주로 사용한다. 2~3명의 연사가 서로 다른 관점을 제시하는 연설을 하고 청중들과 질의응답하는 좀 더 형식적인 토론이다. 강연식 토의에서는 강연자나 사회자, 강연에 참가하는 청중들 모두가 그 주제의 전문가이거나 아니면 주제에 대하여 경험과 지식이 많은 사람이어야 한다.

토론식 수업의 절차는 다음과 같다.

① 학생과 교사는 논의해야 할 주제, 문제, 이슈 등을 선정한다.

② 정보에 관한 조사를 실시한다.

③ 학생과 교사는 여러 가지 토의형식 중에서 한 가지를 선택한다.

④ 학생들은 자신의 발표물을 준비한다.

⑤ 교사와 학생은 언제 무엇을 해야 하는지에 대한 혼동이 없도록 절차를 분명히 숙지한다.

⑥ 학생은 형식적인 발표와 토론을 한다. 토의의 참가자들은 서로 다른 관점의 중요한 차이점에 대하여 말이나 글로 기록하고 요약하도록 한다.

⑦ 형식적인 토론에서는 주제 발표가 끝난 후에는 일반적으로

개방적 토론이나 질의응답의 시간이 뒤따른다.

제4절 시뮬레이션

시뮬레이션이란 가공의 상황을 가능한 실제인 것처럼 재연하는 것이다. 이때에는 위험하고 복잡한 요인은 제거된다. 모의학습이라고 하더라도 시뮬레이션에서 학생은 학습과정을 가상의 상황을 통해서 배워나간다.

시뮬레이션의 절차는 다음과 같다.

① 필요한 기구, 장비, 소품 등을 준비한다.

② 학생들에게 계획을 소개한다. 시뮬레이션의 목적이 무엇인지 설명한다.

③ 역할을 정한다. 교사가 정하는 것이 가장 좋다.

④ 학생에게 자기가 맡은 역할에 대한 정보를 제공하고 확실히 이해했는지 확인한다.

⑤ 시뮬레이션을 실시한다.

⑥ 학생들이 했던 것에 대해 토론하고 일반화를 도출하기 위한 기회를 주고 그것에 대해 비평한다.

모의학습에는 컴퓨터를 이용한 모의경제학게임, 모의증권투자, 국제관계에 관한 모의게임들이 있다.

인터넷을 통한 모의주식투자는 실제로 금전적인 손해를 보지 않고도 실제적인 상황과 유사한 상황에서 주식투자를 공부할 수 있다.

제 5 절 역할놀이

역할놀이에서 학생들은 문제 상황을 실연하고 이를 토의함으로써 인간관계의 문제를 탐색한다. 역할놀이는 사회적 상황에서 타인을 깊게 이해하기 위하여 사용된다. 역할놀이의 연기자는 극중 인물을 연기함으로써 상황을 분명히 이해하고 상대방의 입장을 이해할 수 있는 기회를 갖는다.

역할놀이를 위해서는 다음과 같은 절차가 필요하다(Callahan & Clark).

① 연기하기에 복잡하지 않은 단순한 상황을 선택한다.

② 배역을 정하되 가능하면 지원자를 선택한다. 지원자는 그 역할에 맞아야 한다.

③ 연기자가 자신의 역할과 상황 그리고 역할놀이를 이해하고 있는지를 확인한다.

④ 관객들에게 간단한 역할놀이에 대한 설명을 한다.

⑤ 역할놀이를 무대에 올린다.

⑥ 연기자에게 정반대의 역할이나 다른 배역을 연기하도록 해

본다.

⑦ 역할놀이가 끝난 후에 역할놀이에서 생겼던 일이나 그것의 의미에 대하여 토론한다. 이때에 교사는 어떤 결론이나 일반화에 도달하도록 격려한다.

제 6 절 시범

시범(demonstration)은 학습자들이 배워야 할 기술이나 절차, 행동 등을 직접 보여주고 관찰하는 것이다. 시범수업은 교사가 직접 동작을 보여줄 수도 있지만 비디오나 슬라이드를 통해서도 보여줄 수 있다. 이것은 여러 번 재생할 수 있는 장점이 있다. 기술교과에서 기계를 조작하는 방법, 체육교과에서 운동의 동작, 무용동작, 인공호흡법, 양식 먹는 법 또는 위인들의 인생이라든가 성공한 사람의 삶을 보여줄 수 있다.

제7절 논술교육

1. 논술의 개념

1) 논술의 정의

논술의 정의는 매우 다양하다. 이는 논술과 관련된 능력이 다양하기 때문에 어느 것에 중점을 두고 정의를 내리느냐의 차이라고도 할 수 있다. 하지만 대체로 두 가지 측면에서 일치한다. 먼저 논술에서 요구되는 능력의 측면에서 비판적 사고력 · 창의적 사고력 · 문제해결력 등을 강조하는 것이다. 두 번째는 표현적 측면에서 논술은 '논리적 서술'이라는 것이다.

한철우(2003)는 "논술은 발산적 사고, 주체적 사고, 능동적 사고, 비판적 사고를 바탕으로 하여 비판적으로 이해하고 생각을 논리적으로 전개하며 문제를 창의적으로 해결하는 글쓰기이다."라고 정의하였다. 여기서 발산적 사고란 지능의 구조를 분석한 길포드(Guilford)가 '생산적 사고'(Convergent production)를 '수렴적 사고'와 '발산적 사고'(divergent production)로 구분한 것에서 연유한 것으로, 이는 '창의적 사고'와 동일한 의미라고 할 수 있다. 따라서 위 정의는 창의적 사고력, 비판적 사고력 등의 고급사고력에 중점을 둔 정의라고 할 수 있다.

이러한 맥락에서 김영정(2006)은 "논술은 비판적 읽기와 창의적 문제해결을 기반으로 한 논리적 글쓰기"라고 정의하고 있다. 이는 비판적 사고력과 창의적 사고력을 문제해결과 연결시킨 개념으로 이해할 수 있다.

또한 우한용(1996)은 "논술은 문제 상황에서 문제를 발견하고 언어를 사용하여 그 문제 사태를 의미화하고 그 구체적인 해결방법을 모색하여 글로 서술하는 언어적 실행행위"라고 정의하였다. 이 또한 문제해결과정의 측면을 강조한 견해라고 할 수 있다.

한편 서울대(2004)는 논술시험이 부활한 첫해인 2005학년도 대입을 앞두고 논술시험을 다음과 같이 구체적으로 정의하였다.

"논술고사는 비판적으로 글을 읽는 능력과 창의적으로 문제를 설정하고 해결하는 능력, 그리고 논리적으로 서술하는 능력을 종합적으로 평가하는 시험이다. 비판적으로 글을 읽는다는 것은 반성적으로 생각하며 읽는 것을 말하며, 창의적으로 문제를 설정하고 해결하는 능력이란 심층적이고 다각적으로 논제에 접근함으로써 독창적인 아이디어를 끌어낼 수 있는 것을 말한다. 그리고 논리적 서술능력은 글의 구성능력, 근거설정능력, 표현능력 등을 포괄한다."

이 정의는 논술에서 요구하는 고급사고력을 매우 구체적으로 담고 있다. 즉 비판적 사고력, 창의적 사고력, 문제해결력 등을 명시하고 있다. 이러한 고급사고력은 사회과에서 강조하는 목표와 맥을 같이 한다.

이상의 견해를 바탕으로 논술을 간략히 정의하면, 논술은 비판적 사고와 창의적 사고를 바탕으로 문제해결을 추구하는 서술이라고 할 수 있다.

2) 논술의 성격

논술은 '문제의 발견', '문제의 해결', '논리적 사고', '종합적 사고', '글쓰기' 등 크게 다섯 가지 성격을 갖고 있다고 할 수 있다(인천광역시 교육과학연구원, 1999).

(1) 문제발견으로서의 논술

논술은 문제의 발견으로 시작된다. '문제의 발견'이란 설명, 해결, 개선, 입증, 분석, 선택 등이 필요한 사상을 스스로 찾아내는 것이다. 즉 이는 '문제의 인식'이라고도 할 수 있다.

문제를 발견한다는 것은 어떤 사태를 문제적 안목으로 파악한다는 것을 뜻한다. 여기에는 비판적 사고력과 발산적 사고력이 포함된다. 문제인식은 사회과 수업모형에서도 강조되고 있다. 즉 의사결정 수업모형이나 논쟁문제 수업모형 등은 수업의 첫 단계로 '문제제기-문제인식'을 제시하고 있다.

(2) 문제해결로서의 논술

문제해결이란 문제 상황에 대한 판단을 통해 가장 적절한 대안을 선택하여 적용하는 것이다. 여기서 적절한 대안이란 논리적 근거가 있으며 현실성이 있는 대안을 말한다.

이러한 '문제해결의 과정'은 '탐구의 과정'과 유사하다. 때문에 사회과에서는 문제해결력과 탐구력을 유사한 개념으로 간주한다. 즉 탐구는 '문제인식-문제해결을 위한 가설설정-가설을 입증하기 위한 자료수집-자료분석-결론'으로 이어지는 해결책을 찾는 사고의 과정이다(박상준, 2007).

논술을 문제해결과정으로 여긴다는 것은 논술을 통해서 문제해결력 또는 탐구력을 효과적으로 신장시킬 수 있다는 것을 시사하는 것이다.

(3) 논리적 사고로서의 논술

논리적 사고란 어떤 일이나 현상에 대해 문제를 발견하고, 원인을 규명하며, 결과를 예측하고, 해결방안을 모색하는 일련의 사고로서 논리성과 창의성의 바탕 위에서 전개하는 것을 뜻한다(경상북도 교육연구원, 1996).

논리적 사고를 위해 필요한 능력으로 다음과 같은 것들이 요구된다.

첫째, 적정한 논거를 발견하고 문제해결과정에 적용할 수 있는 능력이 있어야 한다.

둘째, 객관성, 규칙성, 일관성을 가지고 논리를 전개할 수 있는 추론능력이 있어야 한다. 추론은 논술은 물론 독해에서도 중시되는 고등 사고능력이다.

(4) 종합적 사고로서의 논술

논술에서 종합적 사고가 요구되는 것은 문제 사태를 다면적으로 파악하고 그 해결 또한 다면적인 방식으로 접근해야 한다는 것을 의미한다. 따라서 문제와 연관된 여러 가지 상황, 예컨대 인간, 사회, 자연, 문화 등을 상호 연관 속에서 파악함으로써 합리적 사고에 이르는 것을 뜻한다. 사회적 관계 속에서 폭넓은 경험을 다양하게 고려하는 것이 종합적 사고의 특성이다.

또한 종합적 사고를 위해서는 사물에 관한 치밀한 관찰이 있어야 한다. 이는 사실을 정확히 인식하는 것과 관계된다. 사실을 정확히 인식해야 정확한 개념을 형성할 수 있고, 정확한 개념은 일반화의 기초가 되기 때문이다.

(5) 글쓰기로서의 논술

논술은 사고의 과정으로만 이루어진 것이 아니고 글쓰기를 통해 표현된다. 글쓰기로서의 논술을 위해 요구되는 능력은 다음과 같다.

첫째, 일관성과 단계성이 있는 글의 구성능력이다. 이는 서론-본론-결론의 형식적 구분능력이 아니라 사고를 논리적으로 전개하는 능력과 관계된다.

둘째, 문단 구성능력이다. 문장은 문단으로서 응집성을 갖고 부분과 부분의 연관성이 유지되어야 한다.

셋째, 동사, 어법, 문체 등을 포함하는 문장력이 요구된다.

넷째, 어휘의 정확성과 적절성, 참신한 어휘 구사능력 등이다.

논술에서는 이들이 따로 작용하는 것이 아니라 종합적으로 작용한다는 점이 중요하다. 즉 논술은 문제를 발견(인식)하고 논리적 · 종합적 사고를 통해 문제의 해결방안을 강구하는 과정을 표현하는 글쓰기라는 것이다.

2. 논술의 지도방법

일반적으로 사용되는 논술지도의 방법으로는 강의식 수업, 토론식 수업, 팀티칭(team teaching), 첨삭지도, NIE수업 등을 들 수 있다.

1) 강의식 수업

가장 전통적 수업형태로 실제 수업현장에서 가장 많이 활용되고 있다. 교사가 언어를 통해 설명과 해설을 위주로 하기 때문에 설명식 수업이라고도 한다. 학생의 흥미보다는 주로 지식체계를 전달한다.

따라서 논술지도에 그리 적당한 수업방법은 아니라고 할 수 있지만, 일부 단계에서 효과적으로 사용할 수 있다. 문제제기단계에서 교사의 해설은 학생들의 문제인식을 도울 수 있으며, 강의식 수업을 통한 개념학습은 학생들이 기본적 개념을 이해하는 데 효과적이다. 또한 교과 수업시간의 일부로서 논술지도를 할 경우에도 유용하다. 강의식 논술수업은 주로 첨삭지도와 병행되는 경우가 많다.

2) 토론식 수업

토론은 어떤 문제나 쟁점에 대한 논증적 말하기이다. 참여자들이 상호 협조적인 관계에서 최선의 해결책을 모색하는 경우를 '토의'라고 하고, 참여자들이 서로 대립해서 주장을 관철시키기 위해 노력하는 것을 토론이라고 한다. 즉 토론은 토의에 비해 대립되는 의견이라는 점이 부각된다.

토론과 논술은 모두 주장의 논리성을 전제로 한다. 즉 논증적 글쓰기가 논술이라면 논증적 말하기가 토론이다. 동일한 목표를 위해 상이한 방법을 사용한다는 점에서 이 둘은 상호 보완적 관계라고 할 수 있다.

학습자는 토론과정에서 반대의 주장에 대해서도 논리적으로 비판하여야 하므로 비판적 사고력이 향상된다. 또한 다양한 논거를 찾고 다른 주장에도 귀를 기울이는 등의 활동으로 종합적 사고와 문제해결력이 향상될 수 있다.

마후드(Mahood, 1991)는 효과적인 토론수업의 유의사항을 다음과 같이 제시하였다.

① 타당성 있는 근거를 제시하고, 제시한 근거의 한계를 인정한다.
② 다른 사람의 주장을 확인 또는 검증하는 근거를 제시한다.
③ 한 번에 하나의 주제에만 집중하고, 문제를 명확히 인식한다.
④ 모든 논의에 대해 비판적으로 사고한다.
⑤ 사실과 가치를 구분하고, 형식적 의미와 실질적 내용을 구분한다.
⑥ 상대의 주장을 반박할 수 있는 계획적인 토론을 한다.
⑦ 다른 사람의 의견을 경청하고 리더십을 존중한다.
⑧ 자신의 주장을 명확히 하되, 오류가 인정되면 과감히 수정한다.
⑨ 비판하되 집단의 조화를 고려하며, 다른 사람의 노력을 인정

한다.

⑩ 집단의 문제해결을 위한 경우가 아니라면 개인행동은 하지 않는다.

⑪ 즐거운 토론이 되도록 노력한다.

이와 함께 토론지도 시 교사의 유의사항도 제시하였다

① 계획적인 토론이 되도록 한다.

② 개방적인 분위기를 유도하고 비판을 격려하며 소수의견을 보호한다.

③ 모호한 사안을 명확히 하고, 주제에서 벗어난 논쟁을 최소화한다.

④ 학생들을 적극적으로 토론에 참여하게 하고 지도력을 경험하게 한다.

⑤ 토론을 평가한다. 이상의 역할 외의 불필요한 간섭을 지양한다.

3) 팀티칭

팀티칭(team teaching)은 협동 교수라고도 하며, 보통 3~7명의 교사가 팀을 구성하여 수업을 하는 방식이다. 팀티칭의 목적은, 첫째 먼저 우수 교사의 혜택을 많은 학생에게 제공하기 위해서이고, 둘째 우수 교사에게 최적의 근무조건을 제공하기 위해서이며, 셋째 학생들의 개인차를 존중하고 학습효과를 높이기 위함이다.

학습집단 구성은 동일학년에서 교과별로 수업집단을 편성하기도 하고, 2~3개 학년을 통합하여 교과별 수업집단을 편성하기도 한다. 따라서 팀티칭은 무학년제와 매우 관련성이 높다고 할 수 있다. 최근 논술이 통합교과형으로 변화함에 따라 논술지도방법으로서 팀티칭에 대한 관심도 높아졌다. 하지만 팀티칭은 우수 교사의 확보, 학교에서 수업 배정의 복잡성, 교과별 편제의 혼란, 팀에서 배제된 교사의 사기저하 등의 문제점도 지적된다.

4) 첨삭지도

첨삭지도는 하나의 완전한 논술교육방법이라기보다 병행적 지도방법이라고 할 수 있다. 첨삭지도의 과정은 기본적으로 불필요한 부분을 삭제하고, 불충분한 부분을 보충하며, 잘못된 논리와 구성을 바로잡는 재구성 등의 세 가지 요소가 핵심이다(김진익, 2007).

첨삭지도의 방법에는 '대면 첨삭지도'와 '지면 첨삭지도'가 있다. 대면적 상호작용과 즉각적 피드백이 가능한 '대면 첨삭'이 '지면 첨삭'에 비해 보다 효과적이라고 할 수 있으나 시간적 한계로 학생 수가 제한된다는 단점이 있다. 최근에는 '온라인 첨삭지도'가 많이 활용되고 있다. 온라인 첨삭지도는 지면 첨삭의 장점과 함께 '비동시적 상호작용'이라는 장점도 확보할 수 있어서 대안적인 첨삭지도 방법으로 활용되고 있다.

지면 첨삭지도는 가장 기본적 방법으로서 다른 지도방법과 쉽게 병행할 수 있으며, 첨삭내용을 반영구적인 자료로서 활용할 수 있다는 장점이 있다. 하지만 피드백의 효과와 대상이 한정되고 즉시성을 확보할 수 없다는 단점이 있다. 따라서 여건과 능력을 고려하여 적절한 방법을 사용하여야 한다.

5) 신문활용교육(NIE)

신문활용교육(NIE: Newspaper In Education)은 우리나라에서 짧은 역사에도 불구하고 급속히 확산된 교수-학습방법이다. 교과서는 수년을 주기로 개정되므로 급속한 사회변화를 반영하기 힘들기 때문에 신문을 활용하여 '살아있는 지식'을 전달할 수 있다. 특히 사회과에서는 이론과 실제를 이어주는 역할을 할 수 있고, 신문에 실린 사진이나 그래프, 삽화 등은 사회과의 중요한 목표 중 하나인 자료의 해석과 평가기능을 함양할 수 있다. 또한 사설 등을 통해 폭넓은 가치관을 함양할 수도 있다(전숙자, 2007).

NIE 논술학습의 과정을 예시하면 다음과 같다(이도희, 2007).

① 원론적인 내용을 담고 있는 4개 정도 제시문 선정하기

② 각 제시문을 200자 내외로 요약하기

③ 각 제시문의 관점을 파악하기

④ 각 제시문의 공통점 및 차이점 파악하기

⑤ 현실과 관련지어 문제점을 도출하고 적용하기

⑥ 자신의 견해를 제시하기

3. 논술의 평가방법

1) 논술 평가방식의 유형

논술의 평가방식은 크게 분석적 방법(analytical method)과 총체적 방법(global method)으로 분류할 수 있다. 학생들의 서열화가 목적이라면 총체적 방법이 적절하고, 학생에 대한 이해와 진단을 통한 피드백 제공이 목적이라면 분석적 방법이 적절하다고 할 수 있다. 또한 경제성에 있어서는 총체적 방법이 유리하며 신뢰성에 있어서는 분석적 방법이 유리하다. 하지만 각각의 장 · 단점이 있으므로 적절하게 병행하여 사용하는 것이 좋다(김진익, 2007).

(1) 총체적 방법

총체적 평가는 논술문을 부분으로 나누지 않고 전체를 한 단위로 평가하는 방법이다. 평가대상이 많을 때 적절하게 활용할 수 있다. 그러나 평가자의 주관이 개입될 수 있기 때문에, 평가척도를 구체화한 기준 설정이 중요하다. 따라서 논술문을 구성하는 주요 범주를 평가의 척도로 삼는다.

[표 4-1]에 예시한 총체적 평가방법을 보면, 범주를 내용 · 구성 · 표현으로 하고, 일반적 특징과 구체적 특징을 6점 척도로 하여 준거를 제시하는 것을 알 수 있다.

표 4-1 총체적 평가기준의 예시

척도	일반적 특징	구체적 특징
6점	논술적 표현 및 논술문의 특징이 매우 우수함. 일반적 작문전략 및 기능이 매우 우수함.	논술문의 특징이 잘 드러나도록 전략과 기능을 사용하고 있다. 논술과제가 요구하는 내용을 올바로 파악하고 타당성 있는 근거를 들어 필자 자신의 주장이나 의견을 논리적으로 표현함으로써 강한 설득력을 얻고 있다. 또한 문단과 문단의 연결이 자연스럽고 체계적이며, 내용이 잘 드러나도록 논술문의 구성이 잘 짜여 있다.
5점	논술적 표현과 논술문의 특징이 우수함. 일반적 작문전략 및 기능이 우수함.	논술문의 특징이 일반적으로 잘 드러나도록 전략과 기능을 사용하고 있다. 논술과제가 요구하는 내용을 올바로 파악하고, 필자 자신의 주장이나 의견을 논리적으로 제시하였다. 그러나 그 근거의 타당성이 다소 부족하다. 또한 논술문의 구성이 대체로 잘 짜여 있고 문단과 문단의 연결이 자연스럽지만 체계성이 다소 부족하다.
4점	논술적 특징과 표현이 보편적인 수준임. 일반적 작문전략 및 기능은 대체로 우수함.	논술문의 특징이 드러나도록 전략과 기능을 사용하고 있다. 논술 과제가 요구하는 내용을 올바로 파악하였으나, 필자 자신의 주장이나 의견이 분명하지 않으며 그 근거의 타당성도 부족하다. 또한 문단과 문단의 연결은 자연스럽고 논술문의 구성은 일반적으로 원칙을 따랐지만, 체계성은 다소 부족하다.
3점	논술적 특징과 표현이 다소 부족함. 일반적 작문전략 및 기능은 보편적 수준임.	전략과 기능의 사용이 논술문의 특징을 잘 보여주지 못하고 있음. 논술과제가 요구하는 내용을 올바로 파악하였으나, 논술문의 내용은 과제와 다소 거리가 있음. 필자의 주장이나 의견이 명료하지 못하고 그 근거도 타당성이 다소 부족함. 문단과 문단의 연결은 자연스럽지만, 논술문의 구성은 체계가 다소 불완전함

2점	논술적 표현 및 논술문의 특징이 부족함. 일반적 작문전략 및 기능이 부족함	전략과 기능의 사용이 논술문의 특징을 잘 보여주지 못하고 있음. 그래서 논술문인지 단순한 수필인지도 분명치 않음. 논술문은 논술과제가 요구하는 내용과 거리가 먼 내용을 담고 있으며, 필자 자신의 주장이나 의견과 근거가 관련성이 적음. 문단의 연결이 다소 부적절하며 논술문 구성의 체계가 불안정함. 어법의 오류가 많아 의미 전달도 분명치 않은 것이 있음
1점	논술적 표현 및 논술문의 특징이 매우 부족함. 일반적인 작문전략 및 기능도 매우 부족함	전략과 기능의 사용이 논술문의 특징을 전혀 보여주지 못하고 있음. 논술의 과제를 올바로 파악하지 못하였을 뿐만 아니라 과제 요구내용과 논술문 내용이 부합하지 못함. 필자 자신의 주장이나 의견도 일관성이 없고 단편적인 정보나 사실을 단순히 나열하고 있음. 사실과 의견의 구별이 모호하고 어법의 오류가 매우 많음. 문단의 구분도 이루어지지 않았으며 논술문의 구성도 이루어지지 않음.

(2) 분석적 방법

분석적 방법은 채점기준을 요소별로 분석해서 채점한 다음 각 점수를 합산하는 방법이다. 이 방법은 채점의 객관성과 넓은 점수 분포가 요구되는 채점에 적합한 방식이라고 할 수 있다.

분석적인 평가가 지닌 장점은 논술문 쓰기와 관련한 학생들의 정보를 효과적으로 파악할 수 있다는 점이다. 총체적 평가에서는 논술문을 거시적인 범주에서 평가하기 때문에 학생의 논술문에 대한 정보를 효과적으로 파악하기가 쉽지 않다.

| 표 4-2 | 분석적 평가기준의 예시

관점	평가요소	세부평가기준	척도
문제 파악	1. 문제분석력	논술 과제의 요구를 올바로 파악했는가?	5-4-3-2-1
	2. 논지의 정확성	과제의 의도에 맞게 논지를 설정했는가?	5-4-3-2-1
내용	3. 내용의 통일성	내용이 통일되어 있고 주제가 명료한가?	5-4-3-2-1
	4. 내용의 독창성	내용이 새롭고 독창적인가?	5-4-3-2-1
	5. 내용의 정확성	다루는 내용이 정확한가?	5-4-3-2-1
구성	6. 논의의 구체성	필자의 주장이나 의견은 구체적인가?	5-4-3-2-1
	7. 논의의 일관성	필자의 주장이나 의견은 일관성이 있는가?	5-4-3-2-1
	8. 근거의 타당성	근거는 적절성과 타당성이 있는가?	5-4-3-2-1
	9. 문단의 연결	문단과 문단의 연결이 자연스러운가?	5-4-3-2-1
	10. 논술문의 구조	논술문의 전체적인 구성이 체계적인가?	5-4-3-2-1
표현	11. 단어의 정확성	단어의 선택이 적절하고 정확한가?	5-4-3-2-1
	12. 문장의 정확성	문장이 어법에 맞고 문장이 정확한가?	5-4-3-2-1
	13. 문장의 연결	문장과 문장은 긴밀하게 연결되었는가?	5-4-3-2-1
	14. 담화 관습	논술문의 담화 관습은 잘 따르고 있는가?	5-4-3-2-1
태도	15. 탐구적 태도	문제를 탐구적인 태도로 접근하는가?	5-4-3-2-1
	16. 논술의 실천	논술문 쓰기를 생활 가운데 실천하는가?	5-4-3-2-1
	17. 논술문의 활용	주장이나 의견을 논술문을 활용하여 표현하고자 하는가?	5-4-3-2-1
	18. 공적 의사소통	완성한 논술문을 기고하거나 투고하는가?	5-4-3-2-1

그러나 분석적 평가에서는 세밀한 기준에 따라 논술문평가를 수행하기 때문에 학생의 수행정보를 파악하기가 상대적으로 용이하다. 또한 분석적 평가에서는 강조점에 따라 평가의 가중치를 적용하기 수월하다.

2) 논술의 채점기준

채점에 있어 주관성을 배제하고 오차를 줄이기 위해서 평가 설계 시 채점기준표를 만들 필요가 있다. 채점기준표를 통해 채점자 간 일관성 있는 채점이 가능하게 된다. 채점기준표를 만들 때는 다음 사항에 유의하여야 한다(김진익, 2007).

① 수행의 각 수준을 나타내는 예시를 포함해야 한다.
② 채점자가 수행 수준을 잘 구별할 수 있도록 만들어야 한다. 평가할 영역들과 각 수행 수준의 차이가 현저하도록 한다.
③ 수준의 수가 충분히 많아야 한다. 일반적인 수준은 4~7개 정도로 한다.
④ 각 수준을 나타내는 예시들의 차이는 가능한 원만해야 한다. 예시들 사이의 차이가 균일한 등간척도가 되어야 한다.
⑤ 그 과제에만 사용할 수 있는 채점기준표를 작성하는 것이 보다 높은 타당도를 유지할 수 있다.

채점기준표를 제작하는 절차는 다음과 같이 요약할 수 있다.

① 채점기준표를 작성하기 위해 먼저 학생들의 응답 표본을 수집한다.

② 학생들의 응답 표본을 검토한 후 수준의 수를 정하고 등급화 한다.

③ 각 수준에 해당하는 응답들의 예를 제시한다. 이때 각 수준별 응답은 가능한 등간척도가 되어야 한다.

④ 설정된 수준들은 낮은 수준에서 높은 수준 또는 높은 수준에서 낮은 수준으로 정렬하여 쉽게 알아볼 수 있도록 도표화 한다.

❙ 표 4-3 ❙ 서울대학교 논술평가 채점기준표

구분	평가내용 및 기준
지시사항 불이행(감점)	• 답안 분량 미충족 • 필기구 종류 및 색깔 위반 • 응시자의 신원노출
이해 · 분석력	• 주어진 논제에 대한 정확한 이해 · 분석능력 • 제시문에 대한 정확한 이해 · 분석(독해)능력 • 논술문이 논제에 충실한 정도 • 제시문을 적절히 활용한 정도
논증력	• 근거 설정능력 – 주장에 대한 적절하고 분명한 논거 제시 여부 – 주장과 논거의 논리적 타당성 – 논제에 대한 분명한 견해 표현 – 표현 견해가 제시문의 논의에 의거한 적절한 뒷받침인지 여부 • 구성조직능력 – 전체 논의 전개에 정합성 및 일관성 유지 – 전체 논의 전개에 논리적 비약이 있는지의 여부 – 글의 전체적인 흐름을 체계적이고 조직적으로 전개

창의력	• 심층적인 논의 전개 – 본인의 주장이나 논거에 대해 스스로 가능한 반론들의 고려 – 본인의 논의에서 더 나아간 함축이나 귀결들에 대한 고려 – 논의가 전개되고 있는 맥락이나 배경에 대한 적절한 고려 – 묵시적인 가정이나 생략된 전제에 대한 더 나아간 고찰 • 다각적인 논의 전개 – 발상이나 관점 전환을 시도 – 가능한 대안들의 고려 – 여러 개념의 종합 – 암묵적으로 가정된 전제에 대한 비판적 고찰 • 독창적인 논의 전개 – 주장이나 논거의 새로움 – 문제를 통찰함에 있어 특이함 – 관점이나 논의 지평에 참신함
표현력	• 표현의 적절성 – 문장표현이 매끄럽고 자연스러움, 적절한 비유 등 – 단락 구성 및 어휘 사용 – 맞춤법, 원고지 사용법

자료 : 서울대학교 입학관리본부, 2008.

CHAPTER 05

교과교육의 평가

제1절 평가의 의미와 기능

타일러(Tyler, 1950)는 평가의 과정이란 본질적으로 교육과정 및 수업의 프로그램에 의하여 교육목표가 실제로 어느 정도나 실현되었는지를 밝히는 과정이라고 정의하였다. 블룸(Bloom, 1970)은 평가란 수업의 특정목표 성취에 관한 증거를 획득하는 데 관계되는 일이라고 하였다. 황정규(1984)는 교육평가의 의미를 교육목표의 달성도, 행동 증거수집, 인간이해 및 개인차 관점에서 설명하고 있다. 이상의 견해들을 종합해보면 교육에 대한 평가는 교육의 과정 전반에 걸쳐서 매우 밀접한 관련을 갖고 있는 교육활동으로서 다음과 같은 의미가 있다.

① 교육평가는 교육목표달성도를 평가하는 활동이다. 교육평가란 교육목표의 달성 정도를 가정하여 교육목표달성을 위해 이루어졌던 제반 활동을 판단하는 활동이다.

② 교육평가란 교육목표의 달성 여부에 관한 증거수집수단이다. 증거수집방법으로는 지필고사와 관찰하는 방법, 표준화 검사를 사용하는 방법 등이 있다.

③ 교육평가란 이해의 수단이지 그 자체가 목적이 될 수 없다. 교육평가란 일회적인 교과평가에 그치는 것이 아니라 인간 전반에 걸친 종합적이고 계속적인 이해의 수단이다.

④ 교육평가는 개인차를 밝히는 활동이다. 개인차의 변이를 밝히고 그것을 기초로 보다 효과적이고 바람직한 교육목표달성을 추진하려는 데 있다.

교육활동과정 중에서 최종단계인 교수 · 학습결과의 평가가 갖는 교육적 기능은 다양하다. 학습자의 능력에 따라 선발 · 분류하는 기능과 교육의 과정을 검토하고 개선하기 위한 기능이 있다(김경배 · 김재건 · 이홍숙, 2001).

또 다른 측면에서 보면 평가는 교육목표달성도의 측정, 학습활동의 개선에 기여, 그리고 평가 그 자체가 교육활동이라는 기능을 갖는 것으로 설명할 수 있다(신중식 등, 1987).

1. 분류와 선발의 기능

학교는 각자의 능력에 따라 그가 진학해야 하는 상급학교와 직업세계에 배치하는 역할을 한다. 즉 학교가 학습의 결과를 평가하여 학생들을 분류하면 상급학교나 직장에서는 이러한 평가결과를 근거로 학생들을 선발한다.

2. 교육과정을 검토하고 개선하는 기능

평가는 교육의 전체적인 과정을 검토하고 개선하기 위한 기능을 하는데 이것을 평가의 순환적 기능이라고 한다. 평가결과에 따라서 교육의 목표라든지, 내용의 선정과 조직, 교수 · 학습의 방법, 평가 자체에 대한 전반적인 과정에서의 문제점을 확인하고 그 다음 교육의 과정에 반영하여 교육을 개선시키는 데 이용한다.

평가는 교사가 개발하고 조직한 학습경험이 실제로 얼마만큼 의도한 성과를 거두고 있느냐를 조사하고, 아울러 목표달성을 위한 계획의 장점과 단점을 밝혀내도록 해야 한다. 교사는 평가결과에 따라서 교육의 과정 중에 어느 부분을 수정해야 할지를 결정하게 된다.

3. 교육목표달성의 측정기능

평가는 바로 주어진 목표의 달성도만을 반영하며 다른 어떤 것이 되어서는 안 된다. 주어진 목표 측정보다도 단순히 공부를 잘하는 학생과 못하는 학생을 구별하기 위한 평가는 주어진 목표의 달성도를 직접적으로 측정하는 기능을 갖지 못하는 오류를 범할 수 있다

4. 교수–학습활동 개선에 기여하는 기능

단순히 학생에게 점수를 부여하는 의미로서의 학생평가가 아니라, 수업이 잘 되었는지를 평가함으로써 수업의 개선과 학습효과의 증진에 이바지하게 된다.

5. 평가활동 자체로서의 교육적 기능

평가과정은 의도적이든 의도하지 않든지 간에 학생들에게 영향

을 주고 있다. 이러한 의도하지 않은 영향을 평가의 잠재적 교육과정이라고 할 수 있다. 평가의 교육적인 영향이라 함은 평가의 과정이 학생들에게 바람직한 방향으로의 행동의 변화를 일으키고 있느냐 하는 것이다. 교육평가가 학습자에게 미치는 영향이 지대하다는 것에 유의하여 평가활동 자체가 교육적인지 진단하면서 적용할 필요가 있다.

제 2 절 평가의 유형

1. 목표지향평가

절대기준평가라고도 하는 평가기준이 교육의 목표가 되는 것으로 한 학생의 성적을 그가 속해 있는 집단의 검사결과와는 상관없이 주어진 교수목표를 어느 정도 달성했는가 하는 교수목표달성도에 의해서 표현하는 방법이다.

목표지향평가에서는 주어진 학습과제를 학생이 학습하기 전에 객관적으로 평가할 수 있는 구체적인 교수목표가 설정되어야 한다. 학생의 학습 후 학업 성취도가 사전에 설정된 교수목표의 달성도를 직접적으로 반영할 수 있도록 해야 한다.

목표지향평가에서는 한 학생의 성적이 상대적으로 결정되지 않기 때문에, 모든 학생들이 '수'나 '우'를 받을 수도 있고 또는 '양'이나 '가'를 받을 수도 있다(유광찬, 1994).

2. 규준지향평가

상대기준평가라고도 하는데 학생평가를 위한 자료수집과 해석의 규준을 집단에 두는 방법으로서, 특정학생의 점수가 다른 학생의 성적과 비교될 때에 상대적으로 어떤 위치에 있는가의 개념으로 평가하는 체계이다. 이는 평가의 기준점을 집단의 평균치로 보고 있기 때문에, 개인의 점수는 어디까지나 그가 속하는 집단의 평균치와 표준편차에 비추어 결정되며 해석된다.

상대기준평가체제에서는 학생들의 상대적인 능력이나 기술을 비교해보고 그것에 대한 어떤 결정을 내리는 학생 선발이나 우열을 가려내는 평가기능이 크다고 할 수 있다.

교수목표달성도와는 상관없이 시험점수를 순서대로 배열하여 상위에 해당하는 일정한 비율의 학생들에게는 '수'나 'A' 등의 평점을 준다.

3. 진단평가

학습이 진행되기 전에 학생들이 어느 정도 학습을 해나갈 수 있는지에 대한 가능성을 타진해보고 기초실력을 보충하기 위해서 실시하는 것이다.

진단평가는 수업이 시작되기 전에 새로운 학습과제를 학습해야 할 학생들의 학습과제에 대한 기초학력의 정도와 학습흥미 · 학습동기 · 학습준비도 등을 진단하여 효율적인 학습지도방안을 찾기 위한 기준을 마련한다.

따라서 진단평가의 결과는 효율적인 학습지도방안과 수업전략을 마련하기 위한 의사결정에 관한 정보를 얻고, 학생들의 학습능력을 기술하며, 학습능력에 따라 학생들을 분류하고자 하는 데 그 목적이 있다.

4. 형성평가

형성평가는 학습 및 교수가 진행되고 있는 유동적인 상태의 과정에서 학생에게 피드백을 주고 교육과정과 수업방법을 개선하기 위해 실시하는 평가라고 정의할 수 있다. 형성평가의 중요한 가치는 학생이 주어진 교과목의 계열에 따라 학습을 할 때 적절한 도움을 주는 데 있으며, 그것이 바로 교육과정의 질적 관리를 위한 노력이다.

형성평가는 구체적인 학습목표가 어떻게 성취되었는지 또 만약에 성취되지 못했다면 그 이유는 무엇이며, 학습목표의 성취를 위해서 학생과 교사에게 적절한 정보자료를 제공하고 도움을 주는 데 그 목적이 있다.

형성평가의 기능은 다음과 같다.

1) 학습보조의 개별화

학생들의 현재 위치를 분명히 밝혀줌으로써 학습보조를 자기의 학습능력에 맞추어 나아갈 수 있도록 하는 데 중요한 역할을 한다. 형성평가는 현재의 학습 진전 상황을 깨닫게 함으로써 새로운 자각의 기회를 제공한다.

2) 학습곤란의 진단과 교정

학생이 당면하고 있는 학습곤란이나 학습결손의 내용을 밝혀서 이를 교정 또는 보충하는 기회를 마련하는 데 있다.

3) 학습방향의 명시

학기 말이나 학년 말에 한두 번의 시험을 보면 학생들은 장기간의 학습기간 중에 어떻게 또 무엇을 공부하는 것이 바람직한 것인지에 대해서 명확히 알지 못하고 추측을 하게 된다. 형성평가는 학생들에게 학습방향과 무엇이 바람직한 학습행동인가에 대한 시사를 준다.

4) 학습행동의 강화 형성평가의 결과

좋은 성취를 보인 학생은 그 사실만으로도 보상과 강화를 받는다. 그리고 이러한 경험이 몇 차례 반복해서 이루어지면 학습에 대하여 자신감을 갖고 긍정적인 자아개념을 형성한다.

5) 교수–학습전략의 개선

형성평가의 결과는 학생들의 학습촉진뿐만 아니라 교수–학습방법의 개선에도 크게 활용된다. 특히 각 문항에 대한 정답률분석은 교수학습방법을 개선하는 데 많은 도움이 될 수 있다.

5. 총괄평가

한국교육개발원에서는 스크리븐(Scriven, 1967)이 총합평가라고 사용한 용어를 총괄평가라고 번역해서 사용해왔다. 총괄평가는 학기에 중간고사나 기말고사로 두 번, 다음 학기에 중간고사와 학년말고사로 두 번 정도 실시하여 1년에 네 번 실시되는 것으로서 소위 중간고사 · 기말고사 · 일제고사 · 학력고사라는 성격의 평가를 말한다. 이 평가는 학기 말이나 학년 말에 종합적으로 교육목표를 평가하는 것이 주요목적이다. 총괄평가는 학생의 성적을 내어 판정하고 그 결과를 여러 자료에 반영하며 부모에게 통지하는 목적을 각각 갖게 된다.

제3절 평가문항의 제작

1. 선택형 문항

선택형 문항에는 진위형, 배합형, 선다형이 포함된다. 선택형 문항은 문항형식 자체가 구조화 · 객관화되어 있는 것이 특징이다.

1) 진위형

진위형은 피검사자에게 진술문을 제시하고 그 진위 · 정오를 판단하게 하는 방법인데 흔히 양자택일형이라고 한다. 진술문 한 개만을 주고 옳은지 틀린지를 판단하게 하는 방법도 있고 진술문 두 개를 주고 그 중에서 어느 것이 옳은 것인지를 묻는 방법도 있다. 학습과제의 초기에 실시하는 형성평가나 초등학교 저학년에서 적절히 사용하기에 편리한 문항이다.

2) 배합형

배합형은 일련의 전제와 답지 그리고 전제와 답지를 배합시키는 제시문의 세 가지로 구성된다. 전제와 답지에는 단어, 어구, 문자, 기호 등 무엇이든지 사용할 수 있다.

배합형은 최근에 새로운 형태의 문항이 개발되어 발전 가능성이 많은 문항형식이다. 최근에 개발된 문항은 분석력 · 적용력 · 판단력 등 비교적 문제해결력이나 사고력을 요구하는 형태로 출제할 수 있는 장점을 가진다.

3) 선다형

선다형은 문두(item stem)와 그에 잇따른 두 개 이상의 답지로 구성된다. 문두는 대개 의문문이나 불완전 문장으로 되어 있는데, 최근에는 선다형의 변형이 많아 그 형식이 일정하지 않다.

선다형은 선택형 문항이 다른 형식에 비해서 내재적인 결점이 적기 때문에 가장 보편적으로 사용되는 방법이다. 또한 여러 가지 문두형태, 목적, 내용을 다룰 수 있는 다양성 · 포괄성이 있고, 수검자의 우연적 오차의 영향도 적게 받기 때문에 문항형식으로서는 가장 적절하다. 선다형을 사용하여 좋은 문항을 제작하기 위해서는 많은 노력과 시간이 요구된다.

2. 서답형 문항

서답형 문항에는 단답형, 완성형, 논문형이 있다.

1) 단답형과 완성형

단답형은 간단한 단어, 구, 문장, 숫자, 그림 등 제한된 형태로 대답하게 하는 형식을 말하며, 대개 직접 질문이나 "무엇을 들어라", "무엇을 쓰라" 같은 명령문으로 되어 있다.

완성형은 진술문의 일부분을 비우고 거기에 적합한 단어, 구, 기호 등을 써넣게 하는 방법이다. 경우에 따라서는 이 형식을 단답형 속에 포함시키는 사람도 있다.

단답형이나 완성형은 모두 간단한 단어, 구, 숫자, 문장, 기호 등으로 대답하게 하는 형태로서 실제 요구하는 정신기능은 비슷하다. 이러한 문항을 출제할 때는 교수목표에서 의도하는 가장 중요한 핵심부분을 문항의 반응으로 다루도록 하는 것이 필요하다.

2) 논문형

논문형은 별다른 형식이 존재하지 않는다. 어떤 질문 혹은 지시에 따라서 자유롭게 수험자의 능력을 구사할 수 있도록 하는 방법이다.

논문형의 문항형식은 자유롭게 구사할 수 있다. 그러나 논문형이 학생이 자유롭게 쓰는 것을 허용하는 특징이 있다고 해서 아무것이나 쓰거나 마음대로 쓰라는 것은 아니다. 학생의 반응을 최대한도로 허용하되 논문을 쓸 때는 어떤 방향으로 가야 한다는 지향성을 요구하는 것이 바람직하다. 이 방법의 약점은 비객관성과 비신뢰성이다. 그러나 채점기준을 채택하고 모범 답안지를 작성하고 공동으로 채점하거나 채점방법을 개선하면 충분히 가능한 형식이다.

제 4 절 평가도구의 조건

좋은 평가도구가 갖추어야 할 요건 중 대표적인 것은 타당도, 신뢰도, 객관도, 실용도, 변별도 등이다.

1. 타당도

타당도란 어떤 검사 또는 측정도구가 본래 측정하고자 하였던 것을 어느 정도나 제대로 측정하고 있느냐를 의미한다. 즉 타당도는 검사도구의 검사목적 성취도를 나타내는 것 또는 검사 측정상의 정직성을 나타내는 것이라고 할 수 있다.

검사도구의 사용자 입장에서 생각할 때 타당도의 개념은 그 측정도구가 무엇을 측정하려고 하는 것인지, 사용자가 원하는 유형의 정보를 어느 정도 제공할 수 있는지를 나타내는 것이 타당도이다.

2. 신뢰도

신뢰도는 한 평가도구가 측정하고 있는 정도에 일관성이 있느냐의 문제인데 신뢰도는 어떻게 측정하느냐와 관련된 개념이다. 신뢰도란 한 평가도구가 측정하고 있는 정도에 일관성이 있느냐, 달리 말하면 측정의 오차가 얼마나 적으냐 하는 문제이다.

3. 객관도

객관도는 측정의 결과에 대하여 검사자 혹은 채점자가 어느 정도로 일치된 평가를 하느냐의 정도라고 말할 수 있는데, '검사자의 신뢰도'라고도 한다. 같은 교사가 여러 학생들의 답안지를 오늘 채점한 결과와 며칠 후에 채점한 결과 간의 일치 정도가 객관도이며, 같은 답안지를 여러 사람이 채점했을 때의 일치 정도도 객관도이다. 객관도란 개인적 요인과 주관적 감정을 최소한으로 줄일 때에 가능하다.

4. 실용도

실용도는 하나의 평가도구가 시간, 돈, 힘 등을 적게 들이고도 유용하게 쓸 수 있도록 하느냐를 말하는 것이다. 아무리 좋은 평가도구라도 시간, 경제, 노력이 많이 소요되면서 실제로 유용하지 못하다면 그 평가도구는 별로 의미가 없다.

실용도는 실시와 채점이 용이해야 한다. 평가도구가 실시방법과 채점이 까다롭고 제약이 많으면 좋은 평가도구일 리가 없다. 또한 평가결과의 해석과 활용성의 문제이다. 평가의 결과를 보고 학생의 행동 증거를 평가한 결과라는 것을 쉽게 해석할 수 있어야 한다. 실용도는 가급적 비용, 노력, 시간이 적게 소모되는 평가도구라야 한다.

5. 변별도

변별도란 학습자 각자의 교육목표달성도를 측정함에 있어서 어느 정도 변별해낼 수 있는가 하는 것으로서 작은 차이라도 변별해낼 수 있는 것이 변별도가 높은 평가도구이다. 즉 최고점과 최저점 사이의 범위가 넓게 나오는 평가도구, 여러 정도의 곤란도를 가진 문항이 실려 있는 평가도구 그리고 성적이 좋은 학생과 좋지 않은 학생을 분명히 구별해낼 수 있는 문항이 많이 실려 있는 평가도구일수록 좋은 도구라고 할 수 있다.

제5절 수행평가

수행이란 구체적인 상황에서 말하고, 쓰고, 그리고, 만들고, 행동하는 실제적인 과정이나 그 결과를 의미하는 것으로서 이를 평가하는 것을 말한다. 수행평가는 학생 스스로가 특정한 과제를 직접적으로 수행하는 과정에서 자신의 지식이나 기술, 기능 등을 나타낼 수 있도록 답을 작성하거나 발표하고 실제로 만들어 결과물을 제시하는 등의 실제적인 행동으로 나타난 것을 평가하는 방식이다. 이때 평가자는 학생들이 수행하는 과정을 직접 관찰하고 학생들의 산출물에 대하여 어떤 교육적인 판단을 내린다.

1. 수행평가방식의 특징

① 실제적인 상황에서 평가하고자 한다. 수행평가는 학생이 학습을 통해 배운 것을 자연적인 실제 상황이나 이와 유사한 인위적인 상황에서 평가하고자 한다. 즉 학습자의 성취나 능력을 실제적인 상황에서 직접 수행하도록 하고 이를 관찰을 통해서 평가한다.

② 학습의 결과뿐만 아니라 학습의 과정을 평가한다. 수행평가는 학습의 전체적인 과정 속에서 학습의 진행과정을 평가한다. 따라서 수행평가는 결과지향적인 평가가 아닌 과정 지향적인 평가라고 할 수 있다. 학습의 결과뿐만 아니라 학습이 이루어지는 전체적인 과정을 중요시하고 그 과정을 평가하고자 한다.

③ 학습자를 전인적 측면에서 평가한다. 수행평가는 전인의 육성을 목적으로 학습자의 전체적인 측면에서 자료를 수집하여 평가한다. 따라서 학습자의 지적인 측면뿐만 아니라 흥미와 태도 등의 정의적 측면과 신체적인 측면에 대한 종합적이고 전인적인 평가를 실시하고자 한다.

④ 응용력, 창의력, 문제해결력 등과 같은 고차원적인 정신능력을 평가하고자 한다. 수행평가는 학습자 스스로 정답을 작성하거나 직접 행동해보도록 한다. 그리고 실제적인 현실생활과 유사한 상황에서 과제를 제시함으로써 학습한 지식이나 기술, 기능 등을 실생활 속에서 적용하는 능력을 평가한다.

⑤ 학습의 전반적인 과정 속에서 이루어지는 평가이다. 평가는

학습자 각자가 학습이 이루어지기 전과 학습이 이루어지고 난 후에 어느 정도의 발전과 변화를 보이는가에 주목한다. 학습 상황에서 교사가 학생 개개인의 변화와 발달과정을 파악하기 위하여 수시로 관찰하거나 면담한 것을 통해서 그 결과를 누가적으로 기록하는 형태로 이루어진다.

⑥ 평가의 기법 또는 전략이 다양하다.

⑦ 학생들의 자기평가의 기회를 제공한다.

⑧ 개인에 대한 평가뿐 아니라 집단에 대한 평가도 이루어지도록 한다. 하나의 연구과제를 팀 전체에게 부과하고 이를 공동으로 협동학습을 통하여 해결하도록 한다.

2. 수행평가의 종류

① **서술형·논술형 평가** : 서술형은 직접 문장을 만들어 진술하는 형태이다. 논술형은 자신의 주관이나 관점을 포함한 진술이 얼마나 논리적으로 설득력 있게 잘 진술되어 있는가를 평가한다.

② **구술시험** : 어떠한 문제에 대한 자신의 견해나 생각을 말로 진술하도록 하는 방법이다, 학생의 이해력, 판단력, 표현력, 의사소통능력을 직접 평가할 수 있다.

③ **토론법** : 특정한 주제를 놓고 학생들이 서로 토론하는 장면을 보고 평가하는 방법이다.

④ **실기시험** : 음악이나 체육교과에서 실시해오는 방법이다.

⑤ **실험 및 실습** : 과학교과에서 사용되는 방법으로 실험, 실습하는 과정을 관찰하면서 평가하고 실험결과를 작성한 보고서를 제출하게 하여 이를 평가한다.

⑥ **면접법** : 학생과의 대화를 통해서 평가하는 방식이다. 평가자는 학생의 진술로부터 평가의 자료나 내용을 수집한다.

⑦ **관찰법** : 학생들의 활동을 관찰을 통해서 평가하는 방식이다. 체크리스트를 만들거나 비디오 녹화 등을 통하여 객관성을 확보한다.

⑧ **자기평가 및 동료평가 보고서** : 특정한 주제나 학습한 내용에 관하여 스스로 자신의 학습과정이나 결과를 평가하게 하기도 하고 동료학생의 학습과정이나 보고서를 평가하도록 하는 방식이다.

⑨ **연구보고서(프로젝트법)** : 제시된 연구주제에 관한 자료를 수집 · 분석 · 종합하여 결과보고서를 제출하고 이를 평가하는 방식이다. 이 평가방법은 제출한 보고서를 평가하거나 사용된 연구방법, 정보나 자료의 수집방법, 수집한 자료를 종합하고 분석하는 방법이다.

⑩ **포트폴리오** : 학생의 작품이나 작문 등을 일정한 기간 동안 지속적으로 모아둔 개인별 작품집을 뜻하는 것으로 작품들의 발전과정을 살펴봄으로써 평가하는 방식이다.

⑪ **기타** : 역할놀이, 신문활용교육, 현장조사, 작품감상, 만들기, 전시회, 발표대회 등도 수행평가의 방법이다.

제6절 체험식 경제교과 수행평가

1. 체험식 경제교육의 개념과 필요성

체험식 경제교육은 미국에서 발달한 교수학습방법으로 학생들이 시뮬레이션, 게임, 역할놀이, 토의학습, 협동학습 등을 통해 핵심경제개념을 체계화시키는 방법이다.

경제교육의 궁극적인 목적이 경제문제에 대해 합리적으로 사고하고 판단할 수 있는 능력을 길러 책임 있는 민주시민을 양성하는 데 중점을 둔다면 실제 경제교육은 현실에 존재하는 소재를 중심으로 진행되어야 한다. 이는 단순한 경제적 이론과 사실을 습득하는 데 비중을 두기보다는 학습자들이 실제로 경제문제에 직면했을 때나 혹은 비슷한 상황에서 이를 적응하고 합리적인 판단을 할 수 있는 능력을 키우는 데 비중을 두어야 한다는 의미이다.

예를 들어 공장에 대해 학습할 경우 공장의 개념이나 종류 등과 같은 이론적인 학습이 아니라 교수-학습과정을 위해 만들어진 실제와 유사한 가상의 공장을 통해 기본적인 이론학습은 물론 실제로 공장이 어떻게 만들어지고 운영되며 또한 어떠한 역할을 담당하는지를 직접 느끼고 체험할 수 있는 교수-학습과정을 말한다. 즉 '현실에서 배운다'는 것보다는 '현실을 이해하기 위한 수단'으로서의 경제교육을 체험식 경제교육이라 한다(이광호, 1994).

합리적인 경제생활을 위해 우리 사회에서도 경제교육의 중요성이 강조되면서 주입식 이론 중심의 경제교육에서 벗어나 현실에 가깝고 실생활에 도움을 줄 수 있는 체험식 경제교육을 필요로 하고 있다.

최근 방학을 맞아 은행상품 이해와 주식투자 체험을 위해 마련된 경제교육 캠프를 찾는 학생들이 크게 늘어나고 있다는 언론의 보도가 있었다. 이는 은행과 증권사들이 장래의 잠재적인 고객을 확보하기 위한 일종의 판촉행사의 일부로 벌이는 일이기도 하지만 학생들에게 경제개념과 상식을 일깨워주고 경제현상에 대해 올바른 가치관과 윤리관을 가지게 하여 합리적인 의사결정능력을 습득하는 데 많은 도움이 된다.

체험식 경제교육은 올바른 경제가치관의 형성, 규모 있는 용돈사용, 저축의 생활화, 에너지절약, 합리적인 소비생활, 신용관리 등의 실질적인 경제교육을 통해 학습자가 성인이 되었을 때 자신과 자신의 가족을 부양할 수 있는 경제적 능력을 길러 생산활동과 소비생활에 대한 올바른 가치관과 태도를 가지는 것은 물론 도덕적으로나 사회적으로 타당하게 돈을 벌고 효과적으로 사용하는 방법을 학습할 수 있도록 하기 때문이다.

미국에서는 이미 체험식 경제교육의 중요성을 인식하여 온라인과 오프라인을 적절히 활용한 체험식 경제교육으로 시뮬레이션 경영게임, 신용도관리프로그램, 스쿨뱅킹 등과 같은 실질적인 경제교육을 진행해오고 있다. 특히 경제교육에서 가장 앞서있는 미국의 경우 인터넷에서 많은 성과를 거두고 있다.

주니어 어치브먼트(JA), 데카(DECA) 등 경제교육단체들이 앞다투어 온라인교육에 뛰어들고 있으며, 골드만삭스, 휴렛팩커드 등 대기업들도 온라인 경제교육에 적극적으로 투자하고 있다. 비교적 저렴한 비용으로 '첨단'과 '교육'이라는 긍정적 이미지를 한꺼번에 잡을 수 있다는 생각 때문이다. 이 중 미국은 인터넷 경제교육은 가상경영이나 모의투자 등 '시뮬레이션게임'이 주를 이룬다. 작게는 수십 명에서 많게는 수만 명의 학생들이 사이버상에서 시장을 놓고 경쟁을 벌이거나 모의증권시장에서 주식을 사고판다.

금융관련 교육은 온라인과 오프라인에서 활발하게 이뤄지고 있다. 온라인과 오프라인상에서 수입, 지출, 저축, 투자활동 등을 통해 신용도를 관리하고 금융지식을 습득하는 방식이다. 이는 온라인과 오프라인에 익숙한 학생들이 거부감 없이 접근할 수 있는데다 각 생산주체가 돼서 다양한 경제활동을 시험해볼 수 있는 실험실이 된다(한국경제, 2003).

이러한 미국의 체험식 경제교육은 학생들에게 건전한 금융상태를 유지하고 미래에 닥칠 위기에 대한 관리능력을 키워나가는 데 도움이 되고 있으며 건전한 소비를 유도하는 효과를 가져다준다는 점에서 매우 효율적인 경제교육방법이라고 볼 수 있다. 따라서 인터넷 경제교육이나 스쿨뱅킹시스템 그리고 신용도관리프로그램 등과 같은 현실적이고 재미있고 실생활에 도움을 줄 수 있는 체험식 경제교육이 현재 정체되어 있는 우리나라 경제교육을 활성화하는 데 필요하다.

2. 경제교과 체험식 수행평가의 방법

체험식 경제교육은 우리나라 경제교육을 활성화하는 데 필요한 새로운 수행평가방법이며, 현재 우리나라 경제교육의 문제점을 개선하는 데 체험식 경제교육을 활용할 수 있다. 따라서 다음과 같이 체험식 경제교육을 통한 경제교과 수행평가방법을 제시할 수 있다.

첫째, 체험식 경제교육을 위한 수업 및 수행평가계획서를 작성한다. 체험식 경제교육은 시뮬레이션, 게임, 역할놀이, 협동학습 등과 같은 자기주도적 학습과정으로 진행되기 때문에 학습자들은 수업의 전 과정과 평가에 대한 세부적인 사항을 인식해야 한다. 따라서 평가자는 각 단원별 수업내용과 수업기간 그리고 평가시기와 배점 등을 미리 학생들에게 알려야 한다.

둘째, 교육목표에 맞게 내용을 구체화하여 수행평가의 기준안을 작성한다. 체험식 경제교육은 실생활을 하는 데 필요한 경제개념과 지식을 직·간접적인 체험을 통해 습득하는 것이기 때문에 여러 가지 상황을 고려한 객관적이고 타당한 평가기준이 필요하다. 예를 들어 학교 내에서 이루어지는 체험활동의 경우와 학교 밖에서 이루어지는 체험활동에 대한 평가기준에 대해 평가자는 수업내용과 수행과제에 따라 교내와 교외 간의 상황을 고려하여 명확한 기준을 작성해야 한다.

셋째, 체험식 경제교육을 위한 수업 및 평가계획서, 수행평가기준안을 통해 실제로 수업을 진행한다. 경우에 따라서는 교실이 아닌 교실 밖에서도 수업을 진행한다. 예를 들어 지역 금융기관이나 공공기관의 협조를 얻어 은행이나 구청 등과 같은 실생활과 밀접한 관계에 있는 현장에서 수업을 진행할 수 있다.

넷째, 수업을 통해 학습자들의 장점과 단점을 파악하고 학업 성취도를 높이기 위한 평가프로그램과 도구를 제작한다.

다섯째, 다양한 프로그램과 도구를 활용해 실제로 평가를 실시한다. 이때 수행과제의 성격에 따라 개별 또는 조별로 나누어 실제 상황을 연출하는 것이 필요하다. 수행과제의 특성이나 평가방법에 따라 지속적으로 평가할 수도 있다.

여섯째, 채점기준에 따라 공정하게 채점을 하고 채점결과를 공개하여 학습자들이 평가에 대해 신뢰성을 가지도록 한다. 이는 체험식 경제교육을 통한 수행평가는 학습자들이 직접 또는 간접적으로 체험학습을 통해 이루어지기 때문에 평가자의 주관적인 판단이 개입될 수 있다. 따라서 평가 실시 전 만들어 놓은 채점기준을 통해 객관적이고 타당하게 이루어져야 한다. 그리고 채점결과는 학습자의 학업 성취도에 대한 객관적인 정보이며 학습자의 부족한 점을 개선할 수 있는 자료로 활용이 가능하기 때문에 공개하는 것이 좋다.

체험식 경제교과 수행평가방법 활용 사례

가. 수업 및 수행평가계획서

① 단원 : 경제문제의 합리적 해결
② 수업내용 : 기회비용(자원의 희소성 때문에 여러 대안 중에서 한 가지를 선택하도록 하여 선택한 것의 경제적 가치를 이해하도록 한다)
③ 수업기간 : 일주일
④ 평가기간 : 일주일(수업기간 중에 두 번의 평가를 실시)
⑤ 평가방법 : 시뮬레이션, 게임, 구술시험
⑥ 평가내용 : 교실 바자회를 개최하여 학생들이 소유하고 있는 2

가지 물품을 준비한다. 가져온 물품을 교실 내에 비치하여 다른 학생들과 자유로운 교환활동을 통해 자신이 원하는 물품을 두 가지 범위 내에서 교환하도록 한다. 그런 다음 학생들이 교환하여 선택한 물품에 대한 경제적 가치에 대하여 직접 설명을 한다.

⑦ 평가배점 : A~D(총점 20점 5점씩 차등 배점함)

⑧ 기타 사항 : 기회비용에 대한 경제개념의 이해를 위해 학교 밖에서 학생들이 체험할 수 있는 상황을 제시한다. 예를 들면 주말 오후에 야구경기 관람을 위해 야구장을 가는 것과 극장에서 영화를 보는 것을 동시에 할 수 없음을 인식시킨다. 평가는 객관성과 타당성을 위해 2번을 실시하며 평가내용에 대해서는 학생들에게 미리 공지를 하여 평가를 진행하는 데 혼란이 없도록 한다.

나. 수행평가기준안

① 평가목표 : 기회비용에 대한 경제적 개념을 이해하여 실생활에서 이와 같은 상황이 발생했을 경우 합리적인 선택을 할 수 있다.

② 평가방법 : 교실 바자회라는 가상의 상거래 장소를 통해 실제로 학생들이 준비해온 각자의 물품을 교환하는 게임을 하여 자신이 원하는 물품을 얻기 위한 적극적인 교환활동 여부를 평가한다. 물품교환이 끝난 후 학생들이 취득한 물품에 대한 가치를 구체적으로 설명하도록 하여 평가한다.

③ 평가기준

등급	배점	내용
A	20	적극적인 교환활동을 통해 자신이 원하는 물품을 취득한 후 취득한 물품에 대한 경제적 가치를 논리적으로 설명함

B	15	적극적인 교환활동을 통해 자신이 원하는 물품을 취득하지만 취득한 물품의 경제적 가치에 대한 논리적인 설명이 부족함
C	10	교환활동이 적극적이지는 않지만 자신이 원하는 물품을 취득함. 그러나 취득한 물품의 경제적 가치에 대한 설명이 논리적이지 못함
D	5	소극적인 교환활동과 취득한 물품의 경제적 가치에 대한 설명을 하지 못함

④ 구술시험평가

성명	객관성	타당성	논리성	성실성	창의성
홍길동	O	O	O	O	O
김철수	O	△	X	O	△
이영희	△	X	△	X	O

⑤ 유의사항 : 물품교환활동이 불공정하게 이루어지지 않도록 평가자는 적절히 조절하고 한 번 교환이 이루어진 물품에 대해서는 재교환이 이루어지지 않도록 신중하게 결정해서 교환하도록 한다.

다. 수행평가지

( )학년 ( )반 ( )번 ( )성명

준비한 물품		교환하여 취득한 물품		비고
물품 1	물품 2	물품 1	물품 2	
O	O	X	X	교환 X
O	X	O	X	1 : 1 교환
X	O	X	O	1 : 1 교환
X	X	O	O	2 : 2 교환

3. 경제교과 체험식 수행평가프로그램

미국의 경제교육은 정부에서 적극적인 활동을 벌이고 있거나 정부와 민간 부문이 유기적인 관계를 가지고 있다. 이와 같은 미국의 경제교육은 우리에게 시사하는 바가 크다고 할 수 있다.

학교교육과정에서의 경제교육을 위해 개별 체험식 수행평가프로그램과 조별 체험식 수행평가프로그램을 제시하여 학생들이 경제교과에 흥미를 가지고 그와 함께 경제교과를 실생활에 활용할 수 있는 재미있고 유익한 교과목으로 인식할 수 있다.

1) 개별 체험식 수행평가프로그램

(1) 한 달 가계부 쓰기

한 달 가계부 쓰기는 학생들이 각자 부모님께 받는 용돈, 아르바이트, 기타 수입 등 벌어들이는 수입의 총액을 기준으로 한 달 동안 지출, 저축, 기부 등의 수입과 지출의 명세서를 작성하여 가장 효율적으로 용돈을 관리하는 학생에게 높은 평가점수를 부여하는 프로그램이다. 이 프로그램을 통하여 학생들이 '돈'에 대한 가치를 올바르게 인식하고 효율적인 용돈관리를 통해 절약과 저축의 습관을 가질 수 있도록 한다.

| 표 5-1 | 한 달 가계부 쓰기 계획서

기간	1개월	장소	제한 없음
학습목표	돈에 대한 가치 인식과 효율적인 자금관리 체험		
학습단계	**활동내용**		**유의점**
도입	• 용돈 구하기 – 부모님께 받음 – 아르바이트 – 기타		• 용돈의 출처가 정해지면 반드시 초기 용돈 규모를 설정
전개	• 지출내역 작성하기 – 물품 구입 – 여가활동(예, 영화관람) – 기타 • 저축내역 작성하기 – 정기적금 – 주식, 펀드 • 추가 수입내역 작성하기 – 보너스 및 포상 – 친척 또는 주변사람에게 받은 용돈 – 단기 아르바이트		• 일정한 양식에 맞게 구체적이고 정확하게 작성 • 반드시 본인명의의 저축, 주식, 펀드내역
정리	• 수입 대비 지출내역서를 작성		• 일정한 양식에 따름
평가	• 수행과제의 전 과정과 수입 대비 지출내역서를 검토하여 평가		• 평가기준에 따름

| 표 5-2 | 지출내역서

일자	세부내역			
	여가생활	물품 구입	기타	금액

| 표 5-3 | 수입 · 지출내역서

일자	수입내역				저축내역(금액)	지출내역			
	용돈	아르바이트	기타	금액		여가생활	물품구입	기타	금액

| 표 5-4 | 평가기준표

등급	배점	내용
A	30	수행과제를 적극적으로 수행하며, 가계부 작성이 매우 구체적이고 논리적이다. 수입 대비 지출계획서를 통해 효율적인 용돈관리상태를 파악할 수 있다.
B	25	가계부 작성이 구체적이고 논리적이지는 않지만 수입 대비 지출계획서를 통해 효율적인 용돈관리상태를 파악할 수 있다.
C	20	가계부 작성능력이 떨어지고 수입 대비 지출계획서가 효율적이지 못해 용돈관리상태를 파악하기가 어렵다

(2) 모의주식투자게임

이 프로그램은 자본, 투자, 그리고 시장과 기회비용에 대한 개념을 모의주식투자게임을 통해 이해할 수 있도록 계획하였다. 즉 자본은 투자를 위해 필요한 요소이며, 시장은 재화나 서비스를 사거나 팔기 위한 집합체라는 점에서 시장이 가격을 형성하고 생산과 소비를 조절할 수 있기 때문에 주식시장의 거래를 통해 시장경제 개념을 이해하고 선택과 포기를 통한 기회비용의 개념을 함께 학습할 수 있을 것이라고 본다. 따라서 학생들이 모의주식투자게임을 통해 경제에 대한 여러 가지 개념을 학습하고 합리적인 의사결정, 경제적 사고력, 주식 등에 관심을 가지면서 자연스럽게 경제교과에 흥미를 가지도록 하였다.

| 표 5-5 | 모의주식투자게임 계획서

기간	1개월	장소	제한 없음
학습목표	자본과 투자 그리고 주식에 대한 가치인식과 시장 체험		
학습단계	활동내용		유의점
도입	• 모의주식투자게임 소개 – 자본, 투자, 주식, 시장개념 소개 – 거래규칙 소개 – 종목 선정 • 주식투자계획서 작성 – 투자자금 설정 – 종목 선정 및 종목 선정 사유 – 포트폴리오 작성 • 매매일지 작성 – 종목 매매내역 작성 – 포트폴리오 편성내역 작성 • 수익률 게시 – 매주 1회 공지(금요일 오후) – 수익률 Top10 학생 투자종목설명회 – 투자종목 설명 시 가산점 부여, 단 묻지마 투자식의 종목일 경우 실격 처리 • 모의주식투자 전 과정을 종합하여 투자수익률이 가장 높은 순서로 평가 및 포상		• 거래규칙을 간단 · 명료하게 설명하여 효율적인 게임이 진행되도록 함 • 일정한 양식에 맞게 구체적이고 정확하게 작성 • 종목 선정 시 자신의 투자목적에 맞게 작성 • 매일 최종 장마감시간을 기준으로 작성 • 월~금요일까지 수익률을 기준으로 금요일 장마감 후 수익률을 계산하여 게시 • 실격 시 다시 게임에 참여(수익률 Reset) • 투자계획서, 매매일지 포트폴리오 확인

(3) 모의주식투자게임 소개

게임에 앞서 자본, 투자, 주식, 시장 등에 대한 기본이론학습을 실시하고, 실제 주식시장에서 거래되는 종목들을 중심으로 1개월 동안 가상의 매매거래를 통해 수익률이 가장 높은 학생들 순으로 평가하고 포상하는 게임임을 인식시킨다.

교사는 종목 선정과 차트 및 거래량 등에 대한 기본개념과 방법을 소개하고, 학생들이 실제 게임에 참여하는 데 따른 게임의 법칙을 소개한다. 투자자금 규모는 일정금액을 교사가 지정하고, 종목 선정과 포트폴리오 작성은 일정한 양식을 따르도록 하며, 매매일지는 실제 거래소에서 운영되는 시간을 기준으로 하되 월~금요일까지로 한다. 또한 수익률은 매주 금요일 장마감시간 이후에 게시하며, 투자수익률이 높은 Top10의 학생들은 자신들이 투자한 종목들을 설명하여 각자의 투자목적과 패턴을 인식시키도록 한다.

| 표 5-6 | 주식투자계획서

투자 자본금	(원)	
투자종목 선정		종목 선정 이유

		매입가 (원)	수량 (수)	매도가 (원)	수량 (주)	수익률 (%)
포트폴리오						

| 표 5-7 | 매매일지

일자	종목	매입가	수량(주)	매도가	수량(주)	수익률(%)

포트폴리오 편성내역							
신규 편입 종목				이익실현 및 손절매 종목			
종목명 (일자)	매입가	수량	수익률 (%)	종목명 (일자)	매도가	수량	수익률 (%)

| 표 5-8 | 수익률 Top10

순위	성명	종목	수익률(%)
1			
2			
3			
.			
.			
10			

2) 조별 체험식 수행평가프로그램

(1) 인터넷 경제신문 만들기

이 프로그램은 4~5명 정도의 학생들이 한 팀을 구성하여 우리나라를 비롯하여 전 세계에서 일어나는 경제관련 내용 중에서 흥미 있고 경제교과학습에 도움이 될 만한 내용들을 수집·편집 및 제작하여 홈페이지에 게시하여 소개하는 체험식 프로그램이다.

국내의 경제신문, 주간지, 월간지, 인터넷 기사 등의 다양한 경제관련 자료를 수집함으로써 시사경제지식을 습득하고 이러한 기사내용들을 직접 번역, 편집, 제작하여 홈페이지에 게시함으로써 기자나 리포터의 역할을 가상으로 체험해보는 효과를 가져올 수 있을 것이라고 본다. 이 프로그램의 방법과 절차를 소개하면 다음과 같다.

① **팀 구성하기** : 학생들에게 자유롭게 4~5명 정도로 팀을 구성하게 하여 팀 이름을 정하도록 한다. 그리고 팀원의 역할을

분담하여 각자 맡은 역할 분담표를 작성하도록 한다.

〈예시〉

팀명 : 프라임 경제신문	
팀원	역할
A	국내경제 기자
B	해외경제 기자
C	현장취재 리포터
D	홈페이지 게시자

② **선수학습** : 팀원 구성이 끝나면 교사는 국내외 인터넷 경제신문내용을 프레젠테이션을 통해 구성내용과 정보수집, 내용편집, 제작 등의 과정에 대해 설명한다. 주의할 점은 내용이 어렵고 전문용어가 많이 나오며, 경제교과에 부합하지 않은 내용은 소개하지 않는다.

③ **프로그램 안내** : 선수학습이 끝나면 인터넷 경제신문 제작에 대한 기간, 사용도구, 평가기준 등에 대한 프로그램 안내를 실시한다.

④ **평가 안내** : 선수학습과 프로그램 안내가 끝나면 실제로 학생들이 프로그램을 진행할 수 있도록 하며, 최종적인 평가는 학생들이 제작한 내용을 홈페이지에 게시하여 각 팀별로 프레젠테이션을 통해 발표 · 게시하도록 한다. 이때 평가기준은 미리 작성하여야 하며, 학생들 간에도 팀 중심으로 간단한 평가가 있도록 한다.

〈예시〉

팀명	평가기준(O, △, X)							
	내용 구성	기사 내용	홈페이지	발표력	현실성	객관성	타당성	논리성
A								
B								
C								

(2) 기업 만들기

학생들이 투자설명회를 통해 자본을 모아 가상으로 기업을 만들고 운영함으로써 사업계획, 재화, 서비스, 이윤, 기업홍보, 유통, 기회비용, 주식 등에 대한 기업과 관련된 경제개념을 학습하기 위한 프로그램이다.

이 프로그램은 5~10명 정도의 학생들이 팀을 구성하여 사업계획서를 작성하고 가상의 투자설명회를 통해 투자자들의 운영자금을 모아 기업을 설립하는 데 목적이 있으며, 설립된 기업을 가상으로 운영해보는 데 의의가 있다. 이 프로그램을 진행하기 위해 다음과 같은 방법과 절차를 진행할 수 있다.

① **선수학습** : 기업에 대한 이론과 개념학습을 통해 실제 기업이 어떻게 만들어지고 운영되는지 인식하도록 한다.

② **프로그램 안내** : 선수학습이 끝나면 학생들이 자유롭게 팀을 구성하도록 한다. 팀이 정해지면 기업명을 정하고 필요자본을 모으기 위한 가상의 투자설명회를 개최할 수 있도록 사업계획서를 작성하도록 한다. 사업계획서에는 재화, 서비스,

유통, 홍보, 발생주식 등의 내용이 나타나도록 한다. 가상의 투자설명회는 프레젠테이션을 통해 실시하고 가상의 투자설명회 참가자는 모든 학생들이 참가하도록 한다. 모든 학생들은 일정금액의 자금을 설립하고자 하는 기업에 투자할 수 있으며, 투자한 금액만큼의 주식을 소유하도록 한다. 이렇게 학생들이 구성한 기업은 일정기간 동안 가상으로 운영하여 실적을 설명하도록 한다.

| 표 5-9 | 기업 만들기 계획서

기간	1개월	장소	교실
학습목표	가상기업을 설립하고 운영하여 기업에 대한 경제적 개념을 이해		
학습단계	활동내용	유의점	
도입	• 기업에 대한 이론과 개념 학습 – 기업의 설립과정 – 우리나라 기업 설립 사례 소개 – 외국의 기업 설립 사례 소개	• 복잡하고 어려운 개념과 이론보다는 일반적인 기업에 대한 경제적 이론과 개념을 학습	
전개	• 팀 구성 및 기업명 정하기 • 가상 투자설명회 준비하기 – 사업계획서 작성 • 가상 투자설명회 실시 – 투자자 모집 – 주식발행 • 기업 운영 – 재화와 서비스 – 유통 및 홍보	• 일정한 양식에 맞게 구체적이고 정확하게 작성 • 프레젠테이션방식으로 투자설명회를 실시	
정리	• 기업 운영에 대한 실적설명회	• 프레젠테이션방식으로 설명함	

| 표 5-10 | 사업계획서

<table>
<tr><th>팀명</th><th colspan="2"></th><th>기업명</th><th colspan="2"></th></tr>
<tr><td>설립예정일</td><td colspan="2"></td><td>자본금</td><td colspan="2"></td></tr>
<tr><td>소재지</td><td>본사</td><td></td><td>공장(사업장)</td><td colspan="2"></td></tr>
<tr><td>종업원 수(예상)</td><td>내국인</td><td>명</td><td>외국인</td><td colspan="2">명</td></tr>
<tr><td rowspan="2">투자가 인수할 주식(지분)의 내용</td><td>종류</td><td>액면가액</td><td>수량</td><td>액면총액</td><td>인수총액</td></tr>
<tr><td></td><td></td><td></td><td></td><td></td></tr>
<tr><td>제품, 서비스 또는 용역의 종류</td><td></td><td></td><td></td><td></td><td></td></tr>
<tr><td>투자목적</td><td></td><td></td><td></td><td></td><td></td></tr>
</table>

③ **평가 안내** : 선수학습과 프로그램 안내가 끝나면 실제로 학생들이 프로그램을 진행할 수 있도록 하며, 최종적인 평가는 학생들이 설립한 기업의 가상 투자설명회를 각 팀별로 프레젠테이션을 통해 발표하도록 하여 평가하고, 설립된 기업을 가상으로 일정기간 운영하여 그 운영실정을 설명하도록 하여 평가가 될 수 있도록 한다.

〈예시〉

<table>
<tr><th rowspan="2">팀명</th><th colspan="7">평가기준(O, △, X)</th></tr>
<tr><th>사업계획서 내용구성</th><th>투자 설명</th><th>발표력</th><th>현실성</th><th>객관성</th><th>타당성</th><th>논리성</th></tr>
<tr><td>A</td><td></td><td></td><td></td><td></td><td></td><td></td><td></td></tr>
<tr><td>B</td><td></td><td></td><td></td><td></td><td></td><td></td><td></td></tr>
<tr><td>C</td><td></td><td></td><td></td><td></td><td></td><td></td><td></td></tr>
</table>

4. 경제교과 체험식 수행평가의 활용방안

경제교과 체험식 수행평가의 활용을 위한 절차와 방안을 제시하면 다음과 같다.

첫째, 체험식 경제교육의 목적에 부합할 수 있도록 교사의 재교육과 질 좋은 교과프로그램을 개발하여 현장교육에 투입되도록 정부정책의 지원이 있어야 하며, 교육과정 이행 시 문제점이 발생한다면 학생, 교사 등 이해 당사자들의 적극적인 참여로 올바른 교육과정이 되도록 노력해야 한다.

둘째, 학교, 사회에서 체험식 경제교육의 중요성을 인식하여 체험식 경제교과 수행평가를 실시할 수 있도록 학습조건을 개선시켜주는 정책적인 지원과 경제 전담교사를 각 학교에 확보할 수 있는 법적 장치를 마련하고 재정적 · 행정적 지원을 통해 현실적이고 효율적인 체험식 경제교과 수행평가를 유인하는 정책을 수립하여 시행하는 것이 필요하다.

셋째, 체험식 수행평가의 프로그램이 학생들의 다양한 능력, 관심, 흥미, 진로 등을 충족시킬 수 있도록 현장교사가 학생들의 수준과 지역에 맞는 보조 교재를 만들어 사용하도록 한다.

넷째, 체험식 수행평가프로그램은 학교교육과정 외에 현실에서 나타나는 경제문제점을 시사성에 맡게 주기적으로 변경하여 실시하고, 선수학습을 위해 강의식 교육방법을 지양하고, 학습자 스스로 창의적으로 사고하고 문제를 해결할 수 있는 열린 과정이 이루어지도록 해야 한다.

다섯째, 경제교과 수행평가의 목적에 맞는 프로그램의 모형을 합리적이고 과학적으로 실시하여 평가의 원리에 맞게 객관성, 타당성, 신뢰성을 갖춘 평가가 되도록 한다. 특히 체험식 경제교과 수행평가의 방법과 프로그램을 제대로 활용하기 위해서는 평가에 앞서 학생들의 경제문제에 대한 관심을 높이고 경제의식을 함양시킬 수 있는 다음과 같은 경제교과 교수–학습과정이 진행되어야 한다.

첫째, 이론 중심보다 현실적인 실물 체험 중심의 교육이나 시청각 자료 NIE를 통한 고차원적인 교육방법을 활용하여 효율적인 학습이 되도록 한다.

둘째, 경제교육 담당 교사의 자질을 높여 학습효과를 높여야 한다.

셋째, 경제교과서의 내용을 학생들이 수업시간에 충분히 이해할 수 있는 수준으로 개정하여야 한다.

넷째, 매주 방송, 유인물, 게시판을 통하여 실물경제의 지식과 정보를 주기적으로 학생들에게 제공해야 한다.

다섯째, 학생들의 경제의식을 함양시키기 위하여 국가, 기업, 가정 등의 경제주체가 힘을 모아 경제교육이 지속적으로 이루어지도록 해야 한다.

제 7 절 상업 전문교과 성취기준평가

성취평가제는 집단 내의 다른 학생들과 비교하는 것 없이 사전에 정의된 성취 수준에 따라 학생을 평가하는 방식이다. 성취평가 속에서는 남보다 잘하는 것이 중요한 것이 아니라 일정한 학업 성취 수준에 도달했는지의 여부가 중요하므로 동료 학생들 간 경쟁이 아닌 협동학습 분위기를 조성할 수 있다. 특히 특성화 및 마이스터고에서의 전문교과에서는 실제 상황에서 과정을 수행하는 것이 비중이 높다는 점에서 성취평가제가 교육적 의미를 발휘할 수 있다.

성취평가제는 사전에 잘 정의된 준거에 비추어 특정한 영역의 성취 여부나 정보에 따라 평가를 하는 것이다. 점수는 ABCDE 등으로 기록한다. 성취평가는 내용과 과정에 대한 심층적 분석으로 교수 및 학습 개선이 용이하고 협동학습 분위기를 조성할 수 있다. 또한 탐구정신을 발휘할 수 있고 지적 성취 유발을 통하여 창의와 인성을 위한 수업방식을 활성화할 수 있다. 그러나 경쟁을 통한 외적 동기유발이 부족해질 수 있다는 단점이 있다.

성취기준은 각 교과목에서 학생들이 학습을 통해 달성해야 할 지식, 기능, 태도의 능력과 특성을 기술한 것이다. 성취기준개발은 교육과정의 적합성과 활용도를 제고하는 차원에서 학생 입장에서 무엇을 공부하고 성취해야 하는지, 교사 입장에서 무엇을 가르치고 평가해야 하는지에 관한 보다 실질적인 지침을 제공하기 위해 교육과정을 재구성하는 작업이라고 할 수 있다.

성취기준의 개발원칙은 다음과 같다.

첫째, 도달해야 할 기준을 행동으로 제시한다. 가급적이면 "~을 할 수 있다."의 형식으로 진술함으로써 '도달점 행동'이 드러나도록 한다.

둘째, 범위의 적절성이다. 교육과정에서 제시된 성취기준의 내용이 교수학습 및 평가의 단위로 적절한지 검토하여 지나치게 포괄적이거나 상세한 경우에는 분리하거나 통합하여 재구성한다.

셋째, 위계의 적절성이다. 내용 성취기준이 학년군이 높아감에 따라 수준의 위계가 나타나도록 진술되었는지 검토하여 교과 내 성취기준 간의 위계가 드러나도록 진술한다. 특성화고 전문교과의 경우 기초과목과 심화과목 간의 위계가 반영되도록 한다.

넷째, 진술의 명료성이다. 교육과정에 제시된 성취기준의 내용이 실제적인 교수학습 및 평가의 지침으로 가능할 수 있도록 이해가능하게 진술되어 있는지 검토하여, 모호하지 않고 구체적인 내용을 담고 있으면서도 어법에 맞고 명확하게 진술한다. 가능한 조건, 기준, 행동을 나타내도록 한다.

다섯째, 학습량과 수준의 적정성이다. 교육과정에 비하여 학습량이 많아지거나 수준이 높아지지 않도록 교육과정에 제시된 '내용 성취기준'의 수준과 양을 적정화하는 관점에서 성취기준이 이루어져야 한다.

여섯째, 국가직무능력표준이 개발된 교과의 경우 이를 반영하여 성취기준을 개발한다. 국가직무능력표준 중에서 특성화고 졸업생에게 적합한 수준을 고려하여 성취 수준을 정한다. 또한 필수능력과 선택능력 단위를 고려하여 필수능력 단위는 의무적으로 활용하고 선택능력 단위는 학교와 학생의 특성을 고려하여 학교에서 자율적으로 선택하여 활용한다.

CHAPTER 06

교과교육의 실제

제1절 교과교육의 지도

교과교육은 교육활동 중에서 생활지도나 특별활동과 구별되는 부분을 가리킨다. 다시 말하면 교과교육은 교육과정에 지정된 교과를 소정의 과정을 거쳐 이수하는 교육활동이라고 말할 수 있다.

교과는 시각에 따라 다양하게 설명될 수 있지만 여기에서는 두 가지 측면에서 설명해본다. 우선 교과는 교육내용을 학교교육의 목적에 맞게 조직하고 체계화된 지식의 한 영역 혹은 한 분과이다. 즉 국어, 사회, 수학, 과학, 음악 등과 같은 각 영역을 말한다. 이러한 각 영역들은 인류나 민족의 역사적 · 사회적 실천의 축적물이며, 인간의 생산, 노동의 산물인 문화유산 등을 교육적 관점에서 선택하여 조직한 것이다.

이 같은 교과는 학교교육의 성립 · 발전과 불가분의 관계를 가지고 있으며 사회적 존재로서의 인간의 생활과 노동실천에 결합한 사회적 제기능이 분화된 형태로서 역사적으로 형성되어온 산물이다. 교과의 또 한 가지 정의는 각 교과의 내용을 이루고 있는 사실, 정보, 기본법칙, 원리 등의 지식체계라는 것이다. 지식체계란 여러 세기 동안 인류 경험을 통해서 탐구되고, 누적되고, 타당화되고, 재인식되고, 정의되어오면서 가치 있고 필요하다고 여겨지는 지식을 논리적으로 조직한 것이다.

여기에서 우리는 이러한 교과를 어떻게 지도하느냐에 관심을 가져야 한다. 교과는 그 종류에 따라 각각 다른 내용을 수록하고 있다. 국어와 수학의 내용이 다르고, 사회와 과학의 내용이 다르고,

미술과 음악의 내용이 다르다. 그렇게 서로 다른 내용을 수록하고 있는 교과를 각각 어떻게 지도하느냐 하는 문제는, 곧 학습지도의 의미를 포함하게 된다. 사회과의 학습목표는 무엇이고 어떻게 학습시키며, 과학과의 학습목표는 무엇이고 어떻게 학습시킬 것인가 하는 것이 교과지도의 의미이다. 그렇게 볼 때 교과지도의 의미는 교과+학습지도의 복합개념으로 이해된다.

교과지도는 교사가 한다. 특히, 우리나라 대부분의 중 · 고등학교에서는 각각 교과 담당제로 되어 있다. 그런데 교과지도를 교사가 담당한다고 볼 때, 교사 마음대로 지도해도 되는 것은 아니다. 교과지도는 교육과정, 교과서, 교사용지도서 등에 제시되어 있는 범위와 한계를 지켜야 한다. 교육과정에는 교과목의 종류, 지도시간, 교과지도목표 및 내용, 교과지도 및 평가상의 유의점, 학습자들이 달성해야 하는 행동 수준 등이 명시되어 있다. 뿐만 아니라 교과지도내용을 상세하게 해설해 놓은 교과서가 있는가 하면, 그 교과서를 지도하는 데 안내서가 되는 교사용 지도서가 있다. 따라서 교과지도를 할 때는 교육과정, 교과서, 교사용 지도서를 항상 기본지침으로 삼아야 한다.

교과지도는 교과별 학습지도를 의미하고, 교과교육에 대한 협의적이고 실천적인 접근방법이기 때문에 교과지도의 원리는 각 교과의 특성에 맞추어 다음과 같은 학습지도원리가 적용되어야 한다.

① 학습목표의 설정

② 학습내용의 조직

③ 출발점 행동의 진단 및 처치

④ 학습방법의 강구

⑤ 학습활동의 전개

⑥ 학습성과의 평가 반성

위의 원리에 따라 각 교과지도를 해야 한다. 이와 같은 교과지도의 원리를 도식으로 나타내면 [표 6-1]과 같다.

❙ 표 6-1 ❙ 교과지도원리의 기본모형

학습지도 교과	목표 설정	내용 조직	진단 · 처치	방법 강구	활동 전개	성과 반성
국어						
수학						
사회						
과학						
미술						
(기타)						

교과지도는 앞에서 언급했듯이 주로 교사가 실시한다. 따라서 교과지도 교사는 항상 교과지도를 잘해야 하며, 또 잘할 수 있도록 노력해야 한다. 교과지도를 잘할 수 있게 하는 방법은 현장연구방법이 있는데, 여기에 교사들은 물론 교육연구자 및 교육학자가 관여된다. 그런데 교과지도의 현장연구에는 이론적인 것보다는 연구된 이론적 교과지도원리를 학교현장에 실제로 적용하고 실천하는 연구가 더 중요하다.

학교현장에서 교과지도는 주로 수업활동에 의해서 이루어지기 때문에 수업활동에는 수업장학의 지원행위가 따른다. 그리고 수업

장학에는 교장, 교감, 동료교사, 장학사, 연구사 등의 장학 담당자가 관련하게 된다. 수업장학에 의하여 수업의 질 향상을 도모하고자 하는 것이다. 이와 같이 교과지도에는 학교현장 수업에 임하는 교사를 비롯하여 교내장학을 직접 담당하는 교장, 교감, 동료교사, 장학사 모두가 관련되며, 그렇기 때문에 이에 관련된 모두가 공동으로 관심을 가지고 노력해야 한다.

제 2 절 교과지도계획

1. 교과지도 선행계획

교과지도를 합리적으로 실시하기 위해서는 계획을 사전에 수립해야 한다. 이를 교과지도 선행계획이라고 한다. 교과지도 선행계획이란 연간 행사계획과 연간 수업일수 및 시수확보계획 등을 의미한다.

연간 행사는 학교가 일년간에 예정하는 학사 운영사항을 의미한다. 이와 같은 연간 행사계획을 수립해야 수업을 할 수 있는 날과 할 수 없는 날이 분명해져 교과지도 본 계획을 수립하는 데 참고가 된다. 연간 행사계획을 수립할 때는 월력과 과년도의 학교 행사력을 활용해야 하는 것은 기본이다. 연간 행사계획 수립의 예를 들면 다음과 같다.

| 표 6-2 | 연간 행사계획

(　　　) 학년도　　　　　　　　　　　　　　　　(　　　) 학교

월	주	일	행 사
3	1	1~3	3.1절(1), 입학식(3)
	2	5~10	
	3	12~17	개교기념일(15)
	4	19~24	
	5	26~31	

연간 수업일수는 1년간 수업할 총 일수를 의미한다. 1년간 수업해야 할 일수는 190일로 정해져 있다. 따라서 연간 행사계획을 참고하여 수업할 수 없는 날을 빼고, 수업할 수 있는 날을 골라 통산 190일을 확보할 계획을 수립하는 것이다. 연간 수업 확보계획 수립의 예를 들어보면 다음과 같다.

| 표 6-3 | 연간 수업일수 확보계획

(　　　) 학년도　　　　　　　　　　　　　　　　(　　　) 학교

월	주	일	행사	수업일수(예정/누계)		
				1년	2년	3년
3	1	1~3	3.1절(1), 입학식(3)	1/1	2/2	2/2
	2	5~10		6/7	6/8	6/8
	3	12~17	개교기념일(15)	5/12	5/13	5/13
	4	19~24		6/18	6/19	6/19
	5	26~31		6/24	6/25	6/25

연간 수업시수는 연간 수업일수에 맞추어 1년에 수업할 총 시간 수를 의미한다. 매 주당 수업할 시간 수를 통산하여 그 확보계획을 수립하는 것이다. 연간 수업시수 확보계획 수립의 예를 들면 다음과 같다.

표 6-4 | 연간 수업시수 확보계획

(   ) 학년도   (   ) 학교

월	주	일	행사	수업일수(예정/누계)			수업시수 (예정/실시)
				1년	2년	3년	
3	1	1~3	3.1절(1), 입학식(3)	1/1	2/2	2/2	0/0
	2	5~10		6/7	6/8	6/8	2/2
	3	12~17	개교기념일(15)	5/12	5/13	5/13	1/3
	4	19~24		6/18	6/19	6/19	2/5
	5	26~31		6/24	6/25	6/25	2/7

2. 교과지도 본 계획

교과지도 선행계획이 수립되었으면, 연간 교과진도계획, 연간 교과 단원지도 및 평가계획 등 교과지도에 직접 관련되는 본 계획을 수립해야 한다.

본 계획을 수립하기 위해서 우선 참고 자료를 활용해야 한다. 참고 자료에는 교육과정, 교과서, 교사용 지도서 등이 있다. 교육과정을 각 교과별 목표, 내용 그리고 지도 및 평가상의 유의점 등이 제시되어 있을 뿐만 아니라 단위시간 배당도 명시되어 있다. 따라

서 교육과정은 교과지도의 지침이 되며 기본이 된다. 그러므로 이와 같은 교육과정을 준거로 지도계획을 세워야 한다. 교과서는 교육과정에 있는 교과내용을 상세하게 구성 · 해설한 교재이다. 그리고 교사용 지도서는 교육과정에 준거하여 교과서를 지도할 때, 참고해야 할 사항을 안내해 놓은 지침서이다. 즉 교과서를 보면 지도내용의 수준과 분량을 알 수 있고, 교사용 지도서를 보면 단원 지도목표, 내용별 시간 배당, 그리고 지도 및 평가상의 참고사항이 수록되어 있다. 따라서 교사지도계획을 수립할 때 교과서나 교사용 지도서가 아주 좋은 자료로 활용된다.

둘째, 연간 교과진도계획을 수립해야 한다. 1년 동안 지도해야 할 교과내용 범위를 수업시간에 맞추어 어느 정도씩 지도해 나갈 것인가를 계획해야 한다. 다시 말하면 주어진 내용과 시간으로 설정된 교과목표가 가장 효율적으로 달성될 수 있도록 각 단원에 대한 시간 배정과 아울러 이의 학습 순서를 결정하여 학년 초부터 학년 말에 이르기까지 지도내용을 순서적으로 배열하여 놓은 것이 교과진도 연간 계획이다. 교과진도는 너무 느리게 하여 소정의 범위를 일정한 기간에 지도하지 못하거나 진도를 너무 빠르게 하여 지도성과가 좋지 않거나 하면 계획성 있는 교과지도를 했다고 볼 수 없다. 지도성과는 목표한 대로 성취하면서 일정한 기간에 소정의 진도를 나갈 수 있도록 유의해야 한다. 따라서 대개 다음과 같은 요령으로 연간 교과진도계획을 수립한다.

① 먼저 각 단원에 대한 시간 배정을 한다.

② 각 단원의 소단원에 대한 시간 배정을 한다.

③ 각 단원 및 소단원에 대한 시간 배정이 이루어졌으면 이제 단

원의 학습 순서를 정한다.

학습 순서는 내용의 논리적 계통성, 학습자의 심리적 계통성, 학교 및 지역사회와의 관련성, 국가 행사, 또는 계절과의 관련성, 다른 교과와의 관련성 등을 배열한다. 연간 진도계획 수립의 예를 들어 보면 다음과 같다.

▮ 표 6-5 ▮ 연간 교과진도계획

( ) 학년도 ( ) 학교

<table>
<tr><th rowspan="2">월</th><th rowspan="2">주</th><th rowspan="2">일</th><th rowspan="2">행사</th><th colspan="3">수업일수(예정/누계)</th><th rowspan="2">수업시수
(예정/실시)</th><th rowspan="2">교과진도
(예정/실시)</th></tr>
<tr><th>1년</th><th>2년</th><th>3년</th></tr>
<tr><td rowspan="9">3</td><td>1</td><td>1~3</td><td>3.1절(1),
입학식(3)</td><td>1/1</td><td>2/2</td><td>2/2</td><td>0/0</td><td></td></tr>
<tr><td rowspan="2">2</td><td rowspan="2">5~10</td><td rowspan="2"></td><td rowspan="2">6/7</td><td rowspan="2">6/8</td><td rowspan="2">6/8</td><td rowspan="2">2/2</td><td>우리의
사회환경</td></tr>
<tr><td>우리의
사회환경</td></tr>
<tr><td rowspan="2">3</td><td rowspan="2">12~17</td><td rowspan="2">개교기념일
(15)</td><td rowspan="2"></td><td rowspan="2">5/13</td><td rowspan="2">5/13</td><td rowspan="2">1/3</td><td>인간행동</td></tr>
<tr><td>인간행동</td></tr>
<tr><td rowspan="2">4</td><td rowspan="2">19~24</td><td rowspan="2"></td><td rowspan="2">6/18</td><td rowspan="2">6/19</td><td rowspan="2">6/19</td><td rowspan="2">2/5</td><td>문화의
특성과 개념</td></tr>
<tr><td>문화의
특성과 개념</td></tr>
<tr><td rowspan="2">5</td><td rowspan="2">26~31</td><td rowspan="2"></td><td rowspan="2">6/24</td><td rowspan="2">6/25</td><td rowspan="2">6/25</td><td rowspan="2">2/7</td><td>문화 변동</td></tr>
<tr><td>문화 변동</td></tr>
</table>

셋째, 교과지도를 하려면 교과지도의 목표와 방침을 설정해야

한다. 교과지도목표는 교육과정을 참고하여 설정하면 된다. 그리고 교과지도의 방침은 교과의 특성에 따라 지도 교사가 나름대로 설정하되, 일반적 지도방침과 교과별 세부지도방침으로 나누어서 설정해야 한다. 일반적 지도방침이란 어느 교과를 지도하든지 간에 일반적으로 통용되는 교과지도방침을 말한다. 대략적인 방침은 다음과 같다.

① 교재연구를 충실히 한다.
② 지도방법을 다양하게 연구한다.
③ 학습 자료를 충분히 준비한다.
④ 지도안을 사전에 작성한다.
⑤ 수업 결강 또는 결손이 없도록 노력한다.
⑥ 알찬 수업이 되도록 활동을 전개한다.
⑦ 불완전 또는 오류가 없도록 지도한다.
⑧ 진도에 차질이 없도록 유의한다.
⑨ 진단 및 형성평가를 강화한다.
⑩ 학력증진에 전력한다.
⑪ 평가계획을 사전에 수립한다.
⑫ 평가문항을 양호하게 제작한다.
⑬ 평가과정 및 성적처리에 엄정을 기한다.
⑭ 평가결과를 면밀히 관찰한다.
⑮ 교수-학습 및 평가를 끊임없이 반복 개선한다.

교과별 세부방침은 교과별 특성에 따라 다르다. 사회교과의 세부방침을 예시하면 다음과 같다.

① 현실을 객관적으로 냉철하게 볼 수 있도록 지도한다.

② 사회를 전체적 관점에서 긍정적으로 보는 관점을 가지게 한다.

③ 개방적인 태도로 사회생활에 참여하도록 한다.

④ 건전한 비판자세로 사회발전에 공헌하는 마음을 갖게 한다.

넷째, 교과지도의 실제에 있어서 각 단원별로 지도하고 평가를 계획해야 한다. 즉 지도에는 평가가 따르고 평가에는 지도가 전제되기 때문에 지도와 평가는 항상 일치하도록 연관지어 사전에 수립해야 한다. 단원지도계획에는 단원명, 지도기간, 단원지도목표, 차시별 세부지도목표 및 내용, 지도방법 및 유의점, 자료 및 관련 사항 등을 잘 기재할 수 있는 구조적인 양식을 구안하여 계획을 수립하는 것이 바람직하다. 예를 들어보면 다음과 같다.

I 표 6-6 I 단원지도계획

<table>
<tr><td>단원</td><td>공간도형</td><td>지도기간</td><td>( )월 ( )일부터 ( )월 ( )일까지</td></tr>
<tr><td>단원 목표</td><td colspan="3">• 직선과 평면의 위치관계 및 평행과 수직의 성질에 관한 정리를 증명할 수 있다.
• 이면각과 정사영에 관한 정리를 증명할 수 있다.</td></tr>
<tr><td>차시</td><td>지도내용</td><td>지도방법 및 유의점</td><td>자료 및 관련</td></tr>
<tr><td>1–2/10</td><td>• 평면의 결정조건
• 두 직선의 위치관계
• 직선과 평면의 위치관계
• 두 평면의 위치관계</td><td>• 평면 위에서의 평행조건과 공간에서의 평행조건을 구분하도록 한다.</td><td>• 평행선의 성질
• ∠R//
• 집합</td></tr>
<tr><td>3–4/10</td><td>• 직선과 평면의 평행
• 직선과 직선의 평행
• 두 평면의 평행</td><td>• 같은 평면 위에 있으면서 만나지 않을 때 평행임을 강조한다.</td><td>• 명제
• 연역적 추론
• 귀류법</td></tr>
</table>

5-6/10	• 두 직선이 이루는 각의 정의 • 두 직선의 수직의 정의 • 두 평면의 수직의 정의 • 직선과 평면의 수직의 정의 • 삼수선의 정리	• 삼수선의 정리는 응용 범위가 넓으므로 문제를 많이 다룸으로써 잘 이해시킨다.	• 합동 • 수직이동분선 • 피타고라스 정리 • (　)년도 대입 학력고사문제
7-8/10	• 이면각의 정의 • 이면각에 관한 정리 • 두 평면의 수직	• 이면각의 크기의 의미를 명확하게 이해시킨다.	• 각의 성질
9/10	• 정사영의 정의 • 정사영에 관한 정리	• 정사영에 관한 성질을 일반적인 도형에 확장시킨다.	• 삼각함수
10/10	• 연습문제		

단원 평가계획에는 단원명, 단원 평가내용 및 행동의 이원분류 양식을 구안하여 그 계획을 수립해야 한다. 예를 들어보면 다음과 같다.

표 6-7 단원평가계획(이원분류)

단원	공간도형				
내용 \ 행동	지식	기능	문제 해결력	응용력	평가방법 및 유의점
직선과 평면의 위치관계	○				선다형
직선과 평면의 평행		○	○		주관식
직선과 평면의 수직					주관식
삼수선의 정리	○		○	○	단답형, 주관식
이면각의 크기	○	○			선다형
정사영에 관한 성질	○			○	단답형, 주관식
계	3	2	2	2	

다섯째, 본시 학습지도를 계획해야 한다. 본시 학습지도의 계획은 매 시간 학습을 지도할 수업안의 작성을 의미한다. 학습지도계획(수업지도안)은 의도하는 바에 따라 여러 가지로 양식을 구안하여 활용할 수 있다. 간단한 양식은 다음과 같다.

| 표 6-8 | 본시 수업지도안

소단원	(소단원 기재)		차시	/	
본시의 학습목표	(본시 학습목표 진술)				
지도 단계	학습문제	교수-학습활동		시간	자료 및 유의점
		교수활동	학습활동		
도입	• 선수학습 상기 • 학습동기 유발 • 학습목표 제시	(교사활동 기재)	(학생활동 기재)	(시간 기재)	(자료 및 유의점 기재)
전개	(순차적으로 학습문제 제시)	(교사활동 기재)	(학생활동 기재)	(시간 기재)	(자료 및 유의점 기재)
정착	• 본시 학습 정리 • 연습 또는 적용 • 차시 예고	(교사활동 기재)	(학생활동 기재)	(시간 기재)	(자료 및 유의점 기재)

제3절 학습지도의 실제

1. 학습방법의 구안

학습지도방법을 강구하는 데 있어서는 먼저 학습지도모형을 정립해야 한다. 여기에서 말하는 학습지도모형의 용어는 수업과정모형의 용어와 같은 의미로 사용한다. 학습현장에서 학습지도는 주로 수업활동으로 이루어지기 때문이다. 그리고 학습지도모형은 일반적인 모형과 교과별 하위모형으로 나누어 생각할 수 있다. 일반적인 학습지도모형의 예를 몇 가지 들어본다.

〈일반모형〉

Ⅰ **학습목표의 설정**
- 학습목표 분석
- 학습목표 진술

→ Ⅱ **학습내용의 조직**
- 학습내용 선정
- 학습내용 구조화

→ Ⅲ **출발점 행동의 진단 및 처치**
- 진단 실시
- 진단결과 처지

→ Ⅳ **학습방법의 강구**
- 학습지도모형 정립
- 학습지도방법 결정

→ Ⅴ **학습활동의 전개**
- 학습활동 전개안 작성
- 학습활동 전개 실시

→ Ⅵ **학습성과의 평가**
- 학습평가 실시
- 평가결과 고찰

〈Glaser의 모형〉

Ⅰ **수업목표 설정**
교과서 분석 (내용구조 확인) 교육과정 분석 (행동요소 확인)

→ Ⅱ **투입행동 진단**
진단 실시 → 학습결손 발견 → 학습결손 처치

→ Ⅲ **학습지도**
도입 → 전개 → 정착 → 형성평가 → 심화 또는 보충학습

→ Ⅳ **학습성과 평가**
평가 실시 → 결과 활용

〈KEDI의 모형〉

단계		내용
Ⅰ	계획단계	학습과제 분석 → 수업계획 → 실천계획
Ⅱ	진단단계	진단 실시 → 채점 → 분류
Ⅲ	지도단계	도입 → 전개 → 정착
Ⅳ	발전단계	형성평가 실시 → 채점 → 평가결과 토의 → 분류 → 심화 또는 촉진학습 → 확인
Ⅴ	평가단계	매 학기 2~3회 실시 → 결과검토 → 결과 활용

1) 학습 변인 고찰

학습방법을 강구하기 위해서는 학습 변인을 고찰해볼 필요가 있다. 학습 변인으로는 교수자 변인, 학습자 변인, 학습과정 변인, 풍토 변인 등을 생각해볼 수 있다.

교수자 변인이란 교수활동에 영향을 주는 교사의 변인이다. 교수자 변인은 기본실력, 지도기술, 교재연구, 지도열의, 수업분위기 조성, 신념과 의지 등이 있다.

기본실력은 교사가 기본적으로 갖추고 있어야 하는 교과실력을 말한다. 교사의 기본실력이 많으면 그만큼 교수성과인 학력증진에 도움이 될 것이고, 기본실력이 부족하면 그만큼 도움이 되지 못할 것이다.

지도기술은 교과를 어떻게 가르쳐야 잘 가르치느냐 하는 방법적인 기술을 의미한다. 교사의 지도기술이 좋으면 그만큼 교수성과인 학력증진에 도움이 될 것이고, 지도기술이 나쁘면 그만큼 도움이 되지 못할 것이다.

교재연구는 교사가 학습목표와 학습내용을 연구하는 것이다. 같은 실력, 같은 지도기술을 가지고 있다 하더라도 평소에 교사가 교재연구를 얼마나 열심히 했느냐에 따라 교수성과에 다른 영향을 줄 것이다.

지도열의란 교수활동에 임하여 얼마나 열의를 다하여 지도하느냐 하는 교사의 열정을 의미한다. 열의 없는 교수활동은 그만큼 효과가 적을 것이다.

수업분위기 조성이란 한 학급 학생 전원이 열심히 수업을 받도록 유도하는 일이다. 그러기 위해서는 교실의 정돈상태를 바르게 하고 학생들의 수업 준비가 잘 되었는가 확인해야 한다. 학생들의 수업자세를 바르게 하고 잡담을 못하도록 하며, 수업에 온 정신을 집중하도록 주의시켜야 한다. 그리고 가끔 순회하면서 학습 상황을 확인 점검해야 한다.

신념은 교사가 학생을 잘 가르칠 수 있다고 스스로 믿는 마음이다. 의지는 어떻게 해서든지 학생을 잘 가르치려고 노력하는 마음가짐을 말한다. 교사의 신념과 의지는 학생의 학습성과에 중요한 영향을 주는 정의적 변인이 된다.

학습자 변인이란 학습활동에 영향을 주는 학생 자신의 변인으로서 기본능력, 산수학습능력, 학습방법, 학습흥미, 학습자신감, 학습의욕, 주의집중력, 지구력, 신뢰와 기대 등이 있다.

기본능력은 학생이 기본적으로 가지고 있는 독(讀), 서(書), 산(算)의 능력을 의미한다. 읽고, 쓰고, 셈하는 기본능력이 얼마나 있느냐가 학습성과에 영향을 주게 된다.

선수학습능력은 학생이 어떤 것을 배우는 데 선행적으로 갖추고 있어야 할 관련 기초능력이다.

학습방법이란 각 교과목의 특성에 따라 어떻게 학습하는 것이 효과적인가를 말하는 것이다.

학습에는 흥미가 있어야 효과가 있다. 흥미가 있다는 것은 그만큼 잘 이행하고 있고 관심을 갖고 있기 때문이다. 흥미를 가지고 학습하면 싫증이 나지 않을 뿐만 아니라 학습성과에 도움이 될 것이다. 또한 학습에 있어서도 자신감이 있어야 한다. 어떤 과제도 학습할 수 있다는 자신감을 가질 때, 더욱 정신을 집중하고 노력하게 된다. 따라서 노력한 만큼 학습 성과도 증진될 것이다.

학습자는 학습의욕이 있어야 한다. 학습의욕이 없으면 학습이 잘 될 수가 없다. 의욕이 있어야 노력이 유발되고 의지가 발휘된다. 그렇게 학습에 의욕을 가질 때 학습의 성과가 증진될 것이다.

학생이 학습을 잘 이해하기 위해서는 주의집중력이 있어야 한다. 학습은 정신력으로 하기 때문에 주의가 산만해서는 학습이 잘 될 수 없다. 잡념이 전혀 없고, 오로지 그 시간의 학습에만 열중하도록 주의를 집중시킬 때 보다 효과 있는 학습이 이루어질 수 있다.

학습활동에는 인내력, 즉 지구력이 있어야 한다. 학습이 지속되는 동안 자세를 바르게 유지하는 지구력이 있어야 하고, 하기 싫은 마음을 억제하고 참고 견디는 인내력이 있어야 한다. 그래야만 공부를 잘할 수 있다.

신뢰는 학생이 교사의 실력과 지도 열성을 믿는 믿음이고, 기대는 학생이 교사의 가르침을 믿고 따르면 학습이 잘 될 것이라고 바라는 마음이다. 신뢰와 기대를 가지고 학습할 때 학습성과가 보다 더 증진될 것이다.

학습과정 변인이란 매 시간의 수업이 시작되어서 끝날 때까지의 과정에서 학습에 영향을 주는 변인으로서 학습목표의 명료성, 학습내용의 적합성, 학습방법의 다양성, 발문-응답의 활발성, 학습활동의 개별화, 판서 정리의 구조화, 형성 정도의 확인 처지 등이다.

수업을 할 때는 학습목표를 제시해야 하고 그 학습목표는 명료하고 상세해야 한다. 학습목표를 제시하지 않거나 불분명하게 제시한 것에 비해서 학습성과에 좀 더 도움이 된다.

학습내용은 그 내용이나 지도의 수준이 학생의 발달과정이나 수용능력에 적합해야 한다. 그렇지 않으면 학생은 학습내용을 잘 이해할 수가 없다.

학습방법은 학습내용이나 학습대상에 따라 다양해야 한다. 설명으로 지도할 수 있는 내용이 있고, 실습으로 지도해야 하는 내용이 있다. 또 말로 해서 알아들을 수 있는 학생이 있고, 실물을 보여주어야만 알 수 있는 학생이 있다.

학습활동은 교사-학생의 상호작용으로 이루어진다. 그 상호작용이란 주로 발문-응답의 활동이다. 따라서 발문-응답이 얼마나 활발하게 이루어지느냐에 따라 학습성과가 달라지게 된다.

학습활동은 집단으로 일제히 하는 것보다는 개별적으로 하는 것이 더욱 효과적이다. 따라서 학습과정에서 얼마나 개별적으로 활동시키느냐가 학습성과에 영향을 미치게 된다.

학습과정에 있어서 학습내용의 요점을 얼마나 간결하고 체계 있게 정리하느냐가 학습성과에 영향을 준다. 판서의 구조적 정리는 학습의 인각작용에 영향을 주기 때문이다.

학습과정의 정착단계에서 학습의 형성 정도를 확인해야 한다. 그래서 불완전하거나 잘못 형성된 부분은 보완 또는 교정해주어야 한다. 물론 완전하게 형성되었으면 더욱 심화시키는 지도가 필요하다.

풍토 변인이란 학교나 가정이나 사회의 풍토 혹은 분위기가 학생들의 학습에 영향을 주는 변인을 말한다.

학생의 학습에 영향을 주는 학교 풍토 변인으로는 선배들의 공부 전통, 교사들의 교재연구 분위기와 지도 열성, 학생들의 학습 성취에 대한 인정 및 칭찬, 학생에 대한 교사들의 기대, 교사에 대한 학생들의 신뢰, 학생 상호 간의 학습열의 등을 들 수 있다.

학습에 영향을 주는 가정 풍토 변인으로는 부모의 학력, 자녀에 대한 부모의 기대 및 교육 열성, 자녀의 학습 성취에 대한 인정, 도서 및 학습 자료의 확보 여부, 공부방 및 학습보조자의 유무, 학습 기회의 제공 및 조력 등을 들 수 있다.

학습에 영향을 주는 지역사회의 풍토 변인으로는 교육 및 문화에 관련되는 시설 및 행사, 지역사회 인사들의 학교교육에 대한 관심 및 후원, 그리고 학생들에 대한 보호 및 학습기대, 나아가서 학습에 대한 지역주민들의 모범적 행동을 들 수 있다.

2) 학습지도방법 결정

학습지도방법에는 여러 가지가 있다. 그러나 그것이 각각 학습내용의 특성에 따라 적절해야 한다. 학습지도방법의 강구에 있어서는 내용 특성에 따라 적절한 학습지도방법을 결정하는 것이 중요한 일이다. 일상 수업현장에서 많이 활용되는 몇 가지 학습지도방법을 열거하면 다음과 같다.

(1) 시범학습

시범학습은 교사가 학생에게 학습방법을 행동으로 직접 보여주는 학습활동으로서 주로 기능에 관한 것을 지도할 때 많이 활용된다.

(2) 설명학습

설명학습은 교사가 교재내용을 해석 · 해설하며 학습하는 활동으로서 주로 사실이나 개념, 원리나 법칙, 도표나 통계도표 같은 내용을 지도할 때 많이 활용된다.

(3) 일제학습

일제학습이란 한 사람의 교사가 많은 학생을 상대로 하여 동시에 설명 · 주입하는 학습방법이다. 주로 이론적인 것을 지도할 때 많이 활용된다.

(4) 분단학습

분단학습이란 한 학급 학생을 여러 소집단으로 분단하여 지도하는 활동방법으로서 협동적으로 문제를 해결해야 할 내용을 지도할 때 활용된다.

(5) 개별학습

개별학습은 한 학생에게 개별적으로 학습활동을 시키는 지도방법으로써 학습 수준에 따라 학습효과를 개별적으로 높이고자 할 때 주로 활용한다.

(6) 문답학습

교사와 학생 또는 학생 상호 간에 문답형식으로 학습시키는 활동방법으로서 학생에게 의문유발, 사고작용, 기억상기, 발표기회 등을 주고자 할 때 주로 활용한다.

(7) 토의학습

토의학습이란 상호 토의를 통하여 문제를 해결해가는 학습활동방법으로서 여러 가지 해석 또는 찬반 의견이 나올 수 있는 내용을 지도할 때 주로 활용한다.

(8) 조사학습

조사학습이란 실증적인 조사를 통하여 문제를 해결하도록 하는 학습활동방법으로서 자연현상이나 사회현상에 관한 자료를 조사할 때 주로 활용한다.

(9) 관찰학습

사물을 관찰하여 어떤 현상을 파악하도록 하는 학습활동방법으로서 자연현상이나 사회현상을 관찰 · 파악시키고자 할 때 많이 활용한다.

(10) 실험학습

실험학습이란 인위적 조작에 의하여 나타나는 현상을 파악하도록 하는 학습활동방법으로서 역시 자연현상이나 사회현상에 어떤 인위적 작용을 가하여 그 반응을 파악하고자 할 때 흔히 활용한다.

(11) 실습학습

실제적 실행을 통하여 익히도록 하는 방법으로서 실기를 요하는 기능지도에 주로 많이 활용한다.

(12) 탐구학습

개방된 학습환경에서 가설을 설정하여 새로운 아이디어를 탐색 · 검사해가는 방법으로 과학과, 사회과 등의 지도에서 많이 활용한다.

2. 학습활동의 전개

학습활동이란 매 수업시간에 임하여 교사와 학생의 상호작용으로 학습을 실시하는 활동 상황이다. 즉 학습을 위한 학생들의 집단적 · 개별적 행동 일체가 나타나는 장면으로 청취, 필기, 토의, 문답, 조사, 실험 등 여러 가지 전개 장면이 있을 수 있다. 지금까지 학습목표를 설정하고, 학습내용을 조직하고, 출발점 행동을 진단 · 처치하고, 학습방법을 강구한 모든 것이 본 학습활동의 전개를 하기 위한 것이다.

1) 교수활동과 학습활동

학습활동에는 교수활동이 전제된다. 즉 학습활동은 학생이 배우는 행위라면, 그에 앞서 교사가 가르치는 행위가 있어야 한다. 학습은 교사의 지도적 활동과 학생의 경험적 활동이 상호작용하여 이루어지는바, 지도적인 교수활동과 경험적인 학습활동을 살펴볼 필요가 있다.

교수(teaching)란 교사가 교육적 의도를 가지고 하는 일체의 활동이다. 흔히 교수에 포함되는 활동들을 성격상, 수업(instruction), 위교(indoctrination), 훈련(training), 조건화(conditioning) 등으로 구분하고, 그 중에서 교수의 핵심적인 의미에 가장 가까운 것은 수업이다. 즉 수업은 훈련이나 조건화가 행동과 습관을 바꾸는 일인 것과는 달리 지식과 신념을 바꾸는 일이며, 그 중에서도 근거 있는 지식과 신념을 가지도록 한다는 점에서 위교와 구분된다. 교수활동은 교사가 주체가 되며 단일적 독립변인으로 작용하고, 학습자에게 교재를 제시 또는 전달을 지도적으로 처방하는 활동이다.

학습(learning)이란 연습이나 경험의 결과 일어나는 행동상의 지속적인 변화를 말한다. 즉 학습이란 행동상의 변화이며, 이러한 변화는 연습이나 훈련 또는 경험에 의한 변화로서 성숙에 의한 변화, 일시적인 변화 등은 학습으로 간주되지 않으며, 또한 이러한 변화는 비교적 영속적이어야 한다. 따라서 동기, 피로, 감각적 순응 또는 퇴보적인 행동의 변화를 모두 학습으로 간주하지만 교육적인 견해로는 바람직한 진보적인 행동의 변화만을 학습으로 간주한다. 학습이란 유기체 내에서 일어나는 내재적인 변화과정으로 직접 관찰 가능한 것이 아니고, 수행(performance)으로 표현될 따름이다. 따라서 학습활동은 학생이 주체가 되며 복합적 종속변수로써 영향을 받아 자발적으로 행동변화를 일으키며 변화결과를 기술하는 활동이다.

2) 학습활동 전개의 실제

학습활동의 전개는 교과목의 종류나 내용 특성에 따라 각각 달리 할 수 있겠으나 일반적으로 도입–전개–정착과 같은 단계를 거쳐 전개된다.

도입은 본사의 학습활동에 들어가는 첫 단계로서 대략 다음과 같은 활동을 한다.

① 선수학습내용을 회상하며 본시 학습내용과 관련짓는다.

② 문제의식을 고취하여 학습동기를 유발한다.

③ 학습목표를 제시 · 인지시키고 학습과제를 안내한다.

여기에서 학습목표를 제시하는 방법을 열거하면 다음과 같다.

우선 학습목표를 교사가 구두적으로 제시하고, 학생들에게 학습목표를 이해했는지의 여부를 역시 구두로 확인하는 방법이 있다. 다음 판서에 의한 제시방법이 있다. 이 방법은 학습목표를 판서해서 인지시키고, 학습활동 진행과정에서 그때그때 학생들에게 유념하도록 하는 방법이다. 마지막으로 예비검사를 통하여 제시하는 방법이 있다. 배울 내용의 예비검사를 실시하여 잘 모르는 바를 확인시키고, 그것을 학습목표로 인지하도록 하는 방법이다.

전개는 세부 학습내용별로 다양하게 학습활동이 실행되는, 수업과정의 가장 중심이 되는 활동단계이다.

정착은 매 시간의 학습활동이 끝날 무렵에 학습성과를 확인하고 정리하는 단계이다. 그 방법으로는 본시에 학습한 주요내용을 종합 · 정리하면서 학습의 성취 여부를 확인하여 불완전한 부분은 보충 · 연습시키고, 완전한 부분은 적용 · 발전시킨 다음 시간의 학습과제 예고하기의 순으로 이루어진다.

3) 학습활동 전개의 유의사항

학습활동을 전개할 때에는 어떤 교과를 지도하든지 일반적으로 유의해야 할 사항이 있다. 몇 가지의 유의사항을 살펴보면 다음과 같다.

① 교재연구를 사전에 충실히 실시한다.
② 지도계획을 사전에 면밀히 수립한다.
③ 소정의 수업시간을 밀도 높게 활동한다.
④ 결강을 하지 않으며 부득이한 경우 보강 대책을 강구한다.
⑤ 학습동기를 유발하고 학습태도를 단속한다.
⑥ 학습흥미를 유발하고 학습 자신감을 부여한다.
⑦ 학습목표를 인지시키고 학습의욕을 유발한다.
⑧ 출발점 행동을 진단하여 교정 또는 촉진학습을 시킨다.
⑨ 핵심학습요소에 유의하여 완전하게 지도한다.
⑩ 내용에 알맞은 학습방법을 강구 · 적용한다.
⑪ 교사와 학생, 학생 상호 간에 활발한 활동을 하도록 한다.
⑫ 형성평가를 실시하여 성취도를 확인시킨다.
⑬ 불완전 성취 부분은 보충 혹은 반복지도한다.
⑭ 완전 성취 부분은 심화지도를 한다.
⑮ 핵심내용을 구조적으로 정연하게 판서한다.
⑯ 꼭 성취해내고야 말겠다는 의지를 발휘한다.

제 4 절 교수학습지도안의 사례

1. 의사결정모형과 교수-학습지도안

의사결정능력의 함양은 오늘날 가장 중요한 사회과교육의 목표로 등장하고 있다. 오늘날 우리가 살고 있는 사회가 급속하게 변하고 있기 때문에 우리는 매 순간 의사결정을 하지 않을 수 없고, 그 결과는 우리의 일생에 많은 영향을 준다. 진학, 취직, 결혼 등 인생의 중요문제 중 어느 것 하나 의사결정문제가 아닌 것이 없다. 민주주의사회에서는 정책 선택이나 결정의 문제에 국민이 직접 참여하기 때문에 의사결정은 개인적으로뿐만 아니라 사회적으로도 가장 중요한 과제로 제기되고 있는 것이다(공현정, 2000).

오늘날 대부분의 사회과교육 학자들이 의사결정모형을 중요한 것으로 취급하고 있는 것은 바로 이러한 이유 때문이다. 최근에 사회과에서 제시되고 있는 저명한 몇 가지 의사결정모형을 검토해보면 의사결정에 관한 이들의 모형들은 모두 사회과학적 탐구과정과 가치탐구과정의 두 과정을 포함하고 있다. 이것은 곧 의사결정을 하기 위해서는 사실을 인식하기 위하여 필요한 지식이나 정보가 있어야 하기 때문에 이 부분에 대해서는 사회탐구를 통해서 해결한다는 것이다. 또 동시에 의사결정에는 선택해야 할 가치가 반드시 개입되어 있기 때문에 이 문제를 해결하기 위하여 가치탐구의 과정이 필요하다는 것을 의미하고 있다. 의사결정은 결국 이러한 두 개의 상이한 성격의 과정을 거쳐서 최종적으로 이루어진다고 할 수 있다(차경수, 1996). 이들을 참고로 수업모형의 단계를 요약해보면 문제제기, 지식과 가치문제의 확인, 사회탐구에 의한 지식획득, 가치탐구에 의한 가치분석, 대안탐색과 결과 예측, 선택 및 결론행동으로 전개된다.

신문을 활용하여 문제를 발견하고 이를 해결하기 위한 자료의 수집이나 토의를 통하여 대안을 수립하는 과정이 경제교육에 유용한 학습모형이 될 수 있다. 뒤이어 나오는 논쟁문제 해결학습은 개념을 강화시키는 분석방법을 이용할 기회를 주고 의사결정학습은 의사결정에 필요한 기능과 경험을 제공해준다.

다음은 의사결정모형을 제시한 교수-학습 지도안이다.

표 6-9 의사결정모형 교수-학습 지도안

단원명	1. 경제생활의 이해와 경제문제 해결 2. 경제문제의 해결방법 3. 합리적 의사결정과 경제적 선택
대상	고등학교 2학년
학습매체	교과서, 신문자료, 프린트
수업목표	1. 경제적 선택을 위한 합리적 의사결정모형을 단계별로 설명할 수 있다. 2. 합리적 의사결정모형을 활용하여 실생활 속에서 일어나는 경제문제를 해결할 수 있다.

과정	학습내용	교수-학습활동		비고
		교사	학생	
도입	• 전시학습 • 문제제기 • 문제접근	• 전시학습을 확인한다 • 합리적 선택의 어려움을 상충관계개념과 그 사례를 들어 설명한다. • 학습목표를 제시한다.	• 전시학습을 상기한다. • 학습목표를 인지한다.	

전개	• 문제제기 • 사실문제와 가치문제의 구분 • 개념과 용어의 명료화 • 사실의 증명 • 가치갈등의 해결 • 대안모색과 결과 예측 • 대안검토 • 선택 및 결론	• 합리적 의사결정과정을 단계별로 설명한다. • 문제제기→사실문제와 가치문제 구분→개념과 용어의 명료화→사실의 증명→가치갈등 해결→대안모색과 결과 예측 • 사회적 의사결정과정을 모둠별로 실행시킨다. • 모둠별로 신문을 보고 사회적인 경제문제들을 선정하게 한다. • 경제문제를 해결하기 위해 대안에 대해 앞에서 설명한 합리적 의사결정과정의 단계에 맞게 토의하도록 한다. • 모둠별로 선택한 경제문제와 그 해결방안을 미리 나누어준 의사결정 학습지에 작성하도록 한다.	• 듣고 이해한다. • 모둠별로 신문자료를 보며 문제를 선택하고 토의한다.	• 지역신문을 활용하여 그 지역의 문제를 찾아 해보는 것도 좋다. • 학생들이 소란스러워지지 않도록 한다.
마무리	토의 및 발표	• 각 모둠별로 토의한 내용을 발표하도록 한다. • 의사결정과정에 맞게 진행되었는지 살피고 틀린 점을 지도해준다. • 형성평가 실시–각 모둠에서 토의한 내용을 논술문으로 쓰도록 한다. • 차시를 예고한다.	• 발표한다. • 듣는다. • 형성평가를 푼다. • 듣는다.	

다음은 수업을 할 때 사용할 활용지이다.

〈의사결정 학습지〉

<table>
<tr><td>주제</td><td colspan="4"></td></tr>
<tr><td rowspan="3">문제제기</td><td>쟁점</td><td colspan="3"></td></tr>
<tr><td>원인</td><td colspan="3"></td></tr>
<tr><td>주장</td><td colspan="3"></td></tr>
<tr><td rowspan="2">사실문제와 가치문제 구분</td><td colspan="2">사실문제</td><td colspan="2">가치문제</td></tr>
<tr><td colspan="2"></td><td colspan="2"></td></tr>
<tr><td>개념과 용어의 명확화</td><td colspan="4"></td></tr>
<tr><td>사실문제의 탐구</td><td colspan="4"></td></tr>
<tr><td>가치문제의 탐구</td><td colspan="4"></td></tr>
<tr><td rowspan="5">대안의 탐구</td><td></td><td>대안 1</td><td>대안 2</td><td>대안 3</td></tr>
<tr><td>내용</td><td></td><td></td><td></td></tr>
<tr><td>예상결과</td><td></td><td></td><td></td></tr>
<tr><td>장점</td><td></td><td></td><td></td></tr>
<tr><td>단점</td><td></td><td></td><td></td></tr>
<tr><td>대안의 선택과 이유</td><td colspan="4"></td></tr>
</table>

2. 논쟁문제 해결학습모형과 교수–학습 지도안

현대사회에는 엄청난 사회문제들이 끊임없이 일어나고, 사회문제는 우리 생활과 밀접한 연관을 맺고 있다. 따라서 우리가 생활하고 있는 복잡한 현실 속에서 여러 문제에 대한 합리적인 결정을 내릴 수 있는 능력을 길러주기 위해서는 단편적인 지식만으로 부족하고, 보다 포괄적인 논쟁적 사회문제를 중심으로 교육과정의 내용을 재구성할 필요성이 점차 증대하고 있다.

특히 사회과에서 논쟁적 문제를 다루는 것은 매우 중요하다. 그 이유는 학생들로 하여금 논쟁의 주제를 탐구하여 민주적이고 합리적인 사고능력을 가진 사람으로 키우기 위해서이다. 학생들이 논제를 탐구할 때 나타나는 모순된 선택 사이에서 이상적으로 올바른 판단을 할 수 있도록 도와주는 것이 사회과의 목표인 민주시민을 양성할 수 있는 지름길이다(김월룡, 1997).

논쟁문제라 함은 사회적으로 찬성과 반대의 의견이 나누어져 있고, 그 결정이 개인에게 영향을 주는 것으로 그치지 않고 사회의 다수에 관련되어 있으며, 여러 개의 선택 가능한 대안 중에서 어느 하나를 결정해야 하는 문제를 말한다. 이들 문제는 사회과의 교과목적 특성 때문에 사회과에 가장 많다(차경수, 1996).

논쟁문제는 사실의 경험적 측면, 가치갈등의 해결, 개념의 명확화 등의 과정을 거치면서 선택의 결정을 하는 방법으로 학습할 수 있다. 따라서 논쟁문제 해결과정은 문제 제기→가치문제 확인→정의와 개념의 명확화→사실의 경험적 확인→가치갈등의 해결→대안 모색과 결과 예측→선택 및 결론으로 전개된다.

논쟁문제 해결과정에서 결정적 역할은 학생을 도와주는 것이다. 교사의 이러한 역할에 대하여 대부분의 교사가 공감하면서도 실제로는 학생들의 문제해결행동을 어떻게 도와주어야 되는지에 대하여서는 잘 모르고 있다. 특히 문제해결력 신장을 위해서는 학생들이 문제해결학습을 수행하는 동안에 교사가 능동적으로 학생들을 관찰하고 학생들에게 질문을 던지는 등 적극적인 역할을 수행하여야 한다(류승혜, 1998). 학생들이 신문 자료를 읽는 방법을 알게 하고 소집단에서 공동으로 문제를 풀어보도록 한다. 문제해결과정에 대한 순서도를 작성하여 대안을 찾게 한다. 창의적이고 생산적인 질문을 하여야 하며, 창의적 사고력과 상상력을 활용하도록 자극하여야 한다.

다음은 논쟁문제 해결 학습모형의 교수–학습 지도안이다.

| 표 6-10 | 논쟁문제 해결 학습모형 교수–학습 지도안

단원명	* 세계시장과 한국경제의 미래 전망 1. 국제거래와 경쟁력 (1) 세계화와 우리 경제
대상	고등학교 2학년
학습매체	교과서, 신문자료, 프린트
수업목표	1. 세계화시대에 국제거래가 우리 경제에 미치는 영향을 이해한다. 2. 세계화의 추세에 따른 국제관계의 동향을 파악한다.

단계	과정	교수–학습활동		비고
		교수	학생	
문제 제기	• 동기유발 • 학습목표 제시	• 지난 12월 부산에서 APEC정상회의가 열렸을 때 때맞춰 일어난 반세계화 시위를 본 사람이 있는가? • 학습목표를 제시한다.	• 본 학생은 손을 든다. • 학습목표를 인지한다.	

가치 문제 확인	문제의 논점 찾기	• 전 세계에 세계화가 확산되고 있는데 반대로 반세계화운동 또한 거세어지고 있다. 그 이유가 무엇일까?	• 듣고 답한다. • 세계화는 새로운 기회가 될 수 있지만, 우리 경제에 위기가 될 수도 있다.	
분석	• 자료수집 • 문제해결을 위한 • 증거수집	• 과제로 내준 신문 자료를 이용하여 양쪽의 주장 근거를 찾게 한다. • 조별로 수집한 신문내용을 토의하고 문제해결을 위한 증거 자료를 수집하게 한다. • 세계화 찬성 쪽의 주장 근거를 발표시킨다. • 세계화 반대 쪽의 주장 근거를 발표시킨다. • 세계화와 반세계화, 양쪽의 주장과 근거가 뚜렷한데 이를 해결하기 위한 방안은 없는가?	• 신문을 이용하여 각 조별로 세계화 찬성 쪽과 반대 쪽의 주장을 찾아 정리한다. • 각 조별로 토의와 신문을 바탕으로 증거 자료를 수집한다. • 발표한다. – 국제경쟁력을 갖추기 위해서는 생산성을 높여야 한다. 세계화는 이를 극대화할 수 있다. – 세계화는 규모의 경제를 실현한다. – 소비자에게 필요한 상품을 싼 값에 구입할 수 있는 혜택을 준다. • 발표한다. – 경쟁력이 있는 선진국에게는 유리하지만 개도국이나 후진국에는 불리하다. – 한 나라 안의 부유층과 빈곤층의 양극화가 심해진다. – 산업 간 명암이 뚜렷해진다. • 발표한다. – 찬성 쪽의 입장과 반대 쪽의 입장을 다시 한 번 정리한 후 대안점과 함께 발표하도록 한다.	조사한 신문 자료가 적당한지 검사하고, 교사의 재구성 자료도 같이 투입한다.

선택 및 결론	바람직한 선택	• 증거수집과 토의를 바탕으로 바람직한 선택을 하게 한다. – 세계화와 반세계화가 나름의 주장을 갖고 대립하고 있는데 바람직한 선택은 무엇인가? • 차시 예고	• 지금까지 토의한 내용을 바탕으로 자신의 입장을 정리하여 써 본다. – 우리나라는 세계화의 물결을 거스를 수는 없다. 세계화에 따른 문제는 각 나라가 처한 상황에 따라서도 달라질 수밖에 없다. 우리나라는 우리나라에 맞는 세계화를 위한 자료수집과 장기적인 대안과 비전을 마련해야 한다. • 듣는다.	신문의 내용과결부시켜 학생이 핵심을 파악할 수 있도록 정리한다.

3. 토의학습모형과 교수–학습 지도안

토의학습은 참가자 상호 간의 의견교환을 통하여 학습활동을 이끌어 나감과 동시에 학습의 사회화를 유도하는 방법이다.

토의란 대화나 회화와는 달리 비교적 여러 사람이 모인 집단의 어떠한 문제를 해결하는 데 서로 의견을 교환해가면서 원만하고 바람직하게 해결해가는 학습의 한 방법이다. 즉 두 사람 이상이 모여 집단사고의 과정을 거쳐 어떤 문제의 해결을 시도하는 논의형태가 바로 토의다. 토의에서는 참석자들이 어떤 문제에 관한 정보, 사실, 의견, 지식 등을 교환하고, 이를 바탕으로 전원이 협력하여 공동으로 심사숙고하고 의논함으로써 문제 자체에 대한 참가자 전원의 인식을 심화시키며, 나아가 문제가 지니는 의미와 가치를 밝히게 된다.

토의를 통해서 얻고자 하는 것은 문제 자체를 해결하는 것이 목표가 되겠지만 집단 속에서 한 사람 한 사람이 자유롭고 명확하게 의견을 발표하고 또 다른 사람의 의견을 너그럽게 잘 받아들여 편견이나 특정인의 의견이 아니라 원만하고 합리적이고 가치 있는 결론으로, 협동적으로 문제를 해결하는 태도와 습관과 성격을 기르는 데 있다. 그러므로 민주적이고 협동적인 인간을 기르는 것에는 이 토의학습법이 가장 적당하다고 하겠다(곽형식, 1996).

토의가 성공적으로 이루어지기 위해서는 대체로 여섯 가지 조건이 충족되어야 한다. 이런 여섯 가지 조건을 단계라고 가정한다면 다음과 같은 단계의 형식으로 제시될 수 있다. 토의를 잘 시작하기–가능한 한 많은 구성원들을 참여시키기–토의를 민주적으로 잘 진행하기–허용적 분위기를 조성하기–적절하게 통제하고 조정하기–토의를 잘 끝내기이다.

토론학습에는 리더인 교사의 역할이 매우 중요하며, 그 특징은 주로 개인과 집단 사이의 가치관의 차이를 이해하고 문제해결을 슬기롭게 하도록 돕고 역할 수행에 필요한 기능, 가치, 태도 등을 습득하는 데 효과적인 방법이라고 할 수 있다.

학습단계를 살펴보면 주제 선정–학습 안내–학습과제 부과–학습문제 접근–토의–발전 정리단계로 전개된다. 신문내용을 보고 서로 토의하고 발전적인 의견을 정리할 수 있다. 학생 수가 35명 이상인 우리의 현실에서 분단별 토의를 이끌어 전체 의견을 종합할 수가 있다.

다음은 토의학습모형의 교수–학습 지도안이다.

| 표 6-11 | 토의학습모형 교수-학습 지도안

단원명	* 경제주체의 합리적 선택 2. 효율적인 기업경영과 기업윤리 (1) 기업의 사회적 책임과 기업윤리
대상	고등학교 2학년
학습매체	교과서, 신문자료, 프린트
수업목표	1. 국민경제에 있어 기업의 역할과 사회적 책임에 대해 이해한다. 2. 기업이 지녀야 하는 바람직한 기업윤리 덕목을 제시할 수 있다. 3. 21세기형 기업경영에서 요구되는 가치를 조사할 수 있다.

단계	과정	교수-학습활동		비고
		교사	학생	
도입	• 전시학습 • 동기유발 • 학습목표 제시	• 전시학습은 질문을 통해 확인한 후 미흡한 부분은 보충설명한다. • 신문에 보도된 현대 기아차그룹의 비자금 조성에 대한 내용을 이야기한다. • 학습목표를 제시한다.	• 질문에 답하고 설명은 집중해서 듣는다. • 학습목표를 인지한다.	
전개 1	• 강의 • 과제 확인 • 토론	• 기업의 역할에 대해 살펴보고, 기업의 사회적 책임의 정의 및 내용에 대해 설명한다. • 기업이 윤리적이어야 하는 이유와 기업의 윤리문제가 발생하게 된 배경에 대해 살펴본다. • 과제를 확인하다. – 신문에서 기업의 윤리나 사회적 책임에 대한 문제가 나온 기사와 수집 여부를 확인한다.	• 주의 깊게 듣는다. • 과제로 이행된 수집된 신문 자료를 제시한다. • 조별로 수집된 신문의 내용을 발표한다. • 조별로 기업의 사회적 책임과 윤리에 대하여 토의한다.	• 충분한 토의가 되도록 유도한다. • 학생의 자율적 참여가 되도록 지도한다.

		• 각 조에서 수집된 신문 자료와 내용을 발표하게 한다. • 교사가 수집된 신문 자료를 투입한다. • 조별로 신문내용을 토의시킨다. 각 모둠은 교과서와 신문 자료를 통해 기업의 사회적 책임과 기업윤리에 대해 토의시킨다. • 토의내용을 발표시킨다. – 기업의 윤리와 기업 경쟁력에 대해 발표한다. – 21세기형 기업경영에서 요구되는 가치는 무엇일지 발표한다.	• 토의내용을 발표한다. – 기업의 사회적 책임에 대한 찬 · 반 의견, 기업윤리의 중요성 – 21세기형 기업 경영에 필요한 가치	
전개 2	보충지도 및 확인정리	• 발표내용을 확인 · 정리한다.	• 듣고 의문사항이 있으면 질문한다.	
정리		• 결과를 현실에 적용하여 본다. – 세계화 속에서 성공한 기업의 사례를 들려준다. • 차시 학습 예고	• 듣고, 자유롭게 그에 대한 의견을 발표한다. • 듣고 받아 적는다.	

4. 역할유희모형

역할유희(role play)는 학습자로 하여금 실제 사회에서 나타나고 있는 문제나 가치판단 등의 학습에서 개인 또는 집단의 역할을 담당하도록 하며, 실제 사회의 상황에 능동적으로 참여하고 사회현상을 자신과 타인의 역할의 관점에서 이해하도록 하는 학습지도의 방법이다.

이와 같은 역할유희를 통해서 학생들은 자기자신과 함께 다른 사람의 입장을 이해하는 경험을 가질 수 있으며, 자신의 책임 아래에 이루어지는 의사결정의 경험을 가질 수 있다. 그러나 학생들이 사전에 철저한 준비를 하지 않고, 단지 흥밋거리로만 생각할 때는 사고력 향상 등 수업의 진정한 목표를 달성하기 어려우며, 수업 준비에 많은 시간이 소요되고, 자료가 제한되어 있다는 단점이 있다(교육부, 1997).

따라서 역할유희를 효과적으로 하기 위해서는 사전에 충분하고 철저한 준비가 있어야 하며, 진지하게 수업에 임하는 학생들의 태도가 있어야 한다. 교사는 먼저 방향을 정확하게 알려주어야 하고, 시나리오가 치밀하게 있어야 하며, 각자가 자기가 맡은 역할을 성공적으로 수행할 수 있어야 한다. 그리고 수업이 끝난 다음에는 평가를 충분히 하여 자기가 겪은 경험을 다른 사람에게 알려서 공감대를 형성해야 한다(차경수, 1996).

신문의 기사나 문제 상황을 역할유희의 자료로 제공하여 읽고 역할극을 꾸며 보게 하여 해결방안이나 사건을 간접 경험하게 함으로써 경제문제를 해결할 수 있는 사고력을 신장시킬 수 있다.

다음은 역할유희모형의 교수-학습 지도안이다.

| 표 6-12 | 역할유희모형 교수-학습 지도안

단원명	* 세계시장과 한국경제의 미래 전망 1. 국제거래와 경쟁력 (1) 세계화와 우리 경제
대상	고등학교 2학년
학습매체	교과서, 신문자료, 프린트
수업목표	1. 우리 무역 현황에 대한 이해를 바탕으로 우리나라가 육성해야 할 유망산업을 제시할 수 있다.

단계	과정	교수-학습활동		비고
		교사	학생	
도입	전시학습	• 질문을 통해 전시 학습을 확인한다. • 과제를 확인하다. – 미국 조와 한국 조를 나누어 신문 및 기타 자료조사 • 학습목표 확인	• 듣고 회상한다. • 과제로 이행된 자료를 제시한다.	
참여자 선정	• 참여자 선정 • 역할극 준비	• 대본을 정리하고 참여자를 선정하게 한다. • 나머지 학생들은 한미FTA의 나아가야 할 방향에 대해 쓰도록 한다.	• 미국 조와 한국 조에서 각각 미리 작성해 온 대본에 맞추어 참여자를 선정한다.	
무대 설치 및 관찰자 준비	무대설치 관찰과정 알기	• 역할극을 실시할 수 있게 교실 배치를 바꾸게 한다. • 관찰자들의 관찰 관점을 알려준다.	• 학생 전원이 함께 역할극을 실시할 수 있게 교실 배치를 바꾼다. • 관찰 관점을 바르게 알고 조별로 더 실감나게 표현하도록 한다.	학습목표에 맞는 역할극이 되도록 유도한다.

실현	역할극 실현	• 정해진 시간 내에 역할극을 하게 한다(한 · 미FTA협상 역할극).	• 준비한 역할극을 실연한다.	
토의 및 평가	역할극을 보고 느낀 점 토의	• 역할극을 보고 한 · 미 FTA에서 문제점과 우리나라가 나아가야 할 방향에 대해 토의시킨다.	• 역할극을 보고 느낀 점을 발표시킨다.	
경험 교환 및 일반화		• 수업 도입에서 쓴 한 · 미 FTA가 나아가야 할 방향에 대해 다시 수정하여 쓰도록 하고 발표시킨다(신문의 사례와 관련지어 해결책을 모색하여 쓰도록 한다.). • 차시를 예고한다.	• 신문 자료를 보며 관찰하면서 느끼게 된 점을 참고하여 써본다. • 듣는다.	

5. 협동학습모형

협동학습은 소집단 구성원들이 공동의 학습목표를 가지고 그 목표를 달성하기 위하여 역할을 분담하고 개별적인 책무성을 가지고 다른 구성원들과 도움을 주고받아 집단 구성원 모두에게 유익한 결과를 얻고자 하는 학습전략이라 할 수 있다. 이러한 협동학습은 학습자들이 집단 내에서 서로 경쟁하거나 개별적으로 학습하는 것보다 협동적으로 학습활동을 전개해갈 때 기대하는 학업성취를 보다 효과적 · 효율적으로 이룰 수 있게 된다.

협동학습에서 기본적 취지를 살릴 수 있기 위해서는 협동학습의 구성원들에게 요구되는 몇 가지의 요인들이 있다. 존슨 & 존슨(Johnson & Johnson)은 성공적인 협동학습과 관련된 요인으로 ① 긍정적 상호의존성, ② 개별적 책무성, ③ 면대면 상호작용, ④ 협동적 기능, ⑤ 집단과정 등의 다섯 가지 요인들을 지적하고 있다. 그리고 슬라빈(Slavin)은 협동학습의 주요한 구성요인으로 ① 집단목표 인식, ② 개별적 책임감, ③ 과제의 세분화, ④ 성취결과의 균등 분배, ⑤ 개인적 욕구의 반영, ⑥ 소집단 간의 경쟁 등을 언급하고 있다(박성익, 2003).

협동학습모형은 크게 두 가지 유형으로 구분할 수 있다. 그 한 유형은 집단 내에서는 협동을 하지만 집단 간에는 경쟁을 유도하는 '학생팀학습(SLT)' 유형이다. 이 유형으로는 '학생팀 성취보상법(STAD)', '토너먼트게임식 팀학습(TGT)', '팀보조 개별화학습(TAI)', '직소Ⅱ(JigsawⅡ)', '독해-작문협동학습(CIRC)' 등이 있다.

협동학습모형의 다른 한 가지 유형으로는 집단 내에서뿐만 아니라 집단 간에도 협동학습을 강조하고 있는 '협동적 프로젝트(CP)'이다. 이 유형에 속하는 협동학습모형들로는 '직소Ⅰ(JigsawⅠ)', '자율적 협동학습(Co-op Co-op)', '집단탐구법(GI)', '함께 학습하기(LT)' 등이 있다(권혁규, 1997).

여기에서는 슬라빈이 과제해결력의 상호의존성은 높으나 보상의 상호의존성은 낮은 직소Ⅰ을 보상의 상호의존성도 강조되게 수정하여 제시한 직소Ⅱ를 중심으로 모형을 구성하였다.

학습과정을 살펴보면 학습집단은 5~6명의 이질집단으로 구성되며, 학습과제는 몇 개의 소주제로 나눈 후에 각각의 학생에게 하나의 소주제를 맡도록 한다. 그리고 각 팀에서 동일한 주제를 맡은 학생들이 따로 모여 전문가집단을 구성한 후 30분 동안 공동으로 토론을 하고, 그리고 다시 소속팀에 돌아와 전문가집단에서 학습한 내용을 동료하게 가르쳐준다. 끝으로 학생들은 개인별 형성평가를 실시하여 향상점수와 팀점수를 산출하고, 그 결과에 따라 보상을 받는다(박해룡, 1999).

다음은 협동학습모형 교수–학습 지도안이다.

표 6-13 협동학습모형 교수–학습 지도안

단원명	* 세계시장과 한국경제의 미래 전망 1. 국제거래와 경쟁력 (1) 국제경쟁력의 강화
대상	고등학교 2학년
학습매체	교과서, 신문자료, 프린트
수업목표	1. 세계시장 속에서 우리나라 상품의 경쟁력 향상을 위한 방안을 제시할 수 있다.

단계	과정	교수–학습활동		비고
		교사	학생	
도입	전시학습 동기유발	• 전시학습을 간단히 정리한다. • 한국의 경쟁력 수준을 국가경쟁력 지수를 통해 가늠해봄으로써 학습동기를 유발한다. • 학습목표를 제시한다.	• 상기하며, 들은 후 정리한다. • 듣고 학습목표를 인지한다.	

소집단 구성	소집단 구성	• 성별, 학업성적, 가정 배경 등이 서로 다른 이질적인 5~6명이 한 팀이 되도록 소집단으로 나눈다(전시 간에 미리 나누도록 하고, 본 수업시간에 자리를 바르게 앉도록 지도한다).	• 소집단으로 나눈 후 소집단별로 앉는다.	소란스럽지 않게 지도한다.
소주제	소주제 구분 제시	• 과제를 확인하다. – 전시간에 미리 나눈 소주제와 그를 맡기로 한 전문가집단이 자료를 조사해왔는지 확인하다. • 대주제 : 우리나라의 각 산업별로 국제경쟁력을 향상시키기 위한 방안 • 소주제 : 1. 농림 · 어업 2. 광공업 3. 건설업 4. 운수 · 통신업 5. 금융 · 보험업	• 각자 맡은 소주제에 대한 자료를 제시한다.	
전문가 집단	전문가 집단	• 각 주제별로 전문가집단을 구성하여 공동연구하게 한다.	• 같은 주제를 선택한 소집단 구성원은 모여서 신문 자료를 수집, 분석, 정리하는 등 공동 연구를 한다.	다양한 신문 자료를 검토할 수 있게 지도한다.

집단 연구	집단연구	• 소집단별로 대주제를 연구하게 한다.	• 전문가집단에서 복귀 후 연구한 바를 다른 구성원들에게 교수하여 대주제를 연구한다.	
평가 및 결론	평가집단 보상 차시예고	• 형성평가를 실시한다. • 평가결과를 낸 후 개인 성적 이외에 조별 순위에 따라 점수를 차등으로 준다. • 차시학습을 예고한다.	• 형성평가를 개인별로 푼다 • 점수를 받는다. • 듣는다.	

CHAPTER 07

수업전략

제1절 교육과정의 구성절차

1. 교육과정의 일반적 단계

| 그림 7-1 | 교육과정의 구성절차

교육목표의 설정 → 교육내용의 선정 → 교육내용의 조직 → 교수 · 학습 활동의 전개 → 교수 · 학습 결과의 평가

2. 교육목표의 설정

교육과정 구성의 첫 단계는 교육목표의 설정이다. 교육과정은 교육목적을 달성하기 위한 수단이므로 교육목표를 확실히 설정하여 교육과정 구성의 기본지침으로 삼아야 한다. 따라서 교육목표가 어떻게 설정되었느냐에 따라 교육내용의 선정 및 조직의 방향이 달라진다고 할 수 있다.

타일러(Tyler)는 교육목표 설정의 차원으로서 학습자에 대한 연구결과, 사회의 요구, 교과 전문가의 조언, 철학의 적용, 학습심리학 분야에서 발견된 원리의 적용 등 다섯 가지를 들고 있다. 그러나 일반적으로 철학 · 사회 · 학생 · 교과의 네 가지 차원에 기초하여 교육목표를 설정하고 있다.

교육목표의 설정에서 목표의 분류를 전통적으로 지 · 덕 · 체로 분류해왔지만, 최근에 블룸(Bloom)은 인지적 영역, 정의적 영역, 신체적 영역으로 구분하고 있다.

교육목표는 그 세분화 정도에 따라 국가사회적 수준의 목표, 교과 수준의 목표, 단원 수준의 목표, 수업 수준의 목표 등으로 나눌 수 있다. 흔히 국가사회적 수준 및 교과 수준의 교육목표를 교육의 일반목표, 단위목표를 중간목표, 수업 수준의 목표를 학습목표라고 한다.

3. 교육내용의 선정

교육내용을 선정하는 기준은 원칙적으로 그것을 통해서 성취하려고 하는 교육목표의 유형에 따라 결정되어야 한다.

첫째, 교육목표에의 타당성과 유의미성의 원리이다.

둘째, 교육목표와 일관성의 원리이다.

셋째, 교육 내용의 학습 가능성의 원리이다.

넷째, 일경험 다목표 달성의 원리이다.

다섯째, 일목적 다경험 활용의 원리이다.

이상 다섯 가지 원칙 외에도 교육내용을 선정하는 데 도움이 되는 원칙들이 여러 가지가 있다. 예를 들면 선정된 교육내용은 학생의 능력 · 흥미 · 필요를 충분히 고려한 것이어야 한다든지, 인간발달의 통합적 원리와 일치하는 것이라야 한다든지, 또 교육내용의 유용성 및 내적 · 외적 관련성 등을 들 수 있다.

4. 교육내용의 조직

교육내용을 조직하는 데 반드시 고려해야 할 기준은 다음과 같다.

첫째, 계속성이 유지되어야 한다. 어떤 교육내용이든 그것이 학생의 경험 속에 정착되기 위해서는 일정기간 동안 계속적인 반복 학습이 이루어져야 한다. 인지적 영역의 경우보다는 심체적 영역이, 심체적 영역보다는 정의적 영역이 더 긴 시간을 요구한다. 즉 지식교육보다는 기술교육이, 기술교육보다는 협동하는 태도를 형성하는 교육이 오랜 기간 계속적으로 이루어져야 한다는 것이다.

둘째, 교육내용을 조직하는 데 계열성이 유지되어야 한다. 즉 동일한 교육내용이 단순히 반복되는 수준을 넘어서서, 계속되는 줄기는 있어야 하며 동시에 그 줄기에 좀 더 넓고 깊은 의미가 붙어 갈 수 있게 조직하는 것을 계열성이라고 한다. 브루너(J. S. Bruner)도 계열성의 기준과 비슷한 원리로서 나선적 조직이라는 개념을 주장하였다.

셋째, 교육내용을 조직하는 데 통합성이 유지되어야 한다. 계속성과 계열성은 교육내용의 수직적 조직의 원리라고 한다면, 통합성은 교육내용의 수평적 조직을 위한 원리이다.

제 2 절 수업 설계

1. 수업체제의 개발과 설계

1) 수업체제의 의미

체제접근법은 체제를 정적인 상태가 아닌 동적인 개념으로 파악하여 교육과 관련이 있는 문제를 보다 효과적으로 해결하고, 더욱 합리적으로 의사결정을 하기 위한 사고의 한 양식이자 절차적로 분석 지향적인 논리적인 문제해결과정으로 정의할 수 있다(서울대학교 교육연구소, 1994).

수업은 체제의 전형적인 개념인 투입→과정→산출의 과정에 따라 이루어짐으로써 하나의 독립된 체제로 취급할 수 있다. 수업체계는 수업목표의 성취에 필요한 요소들이 상호작용하는 총체이다.

다른 연구자들의 정의를 종합하면 수업체제는 수업목표를 효과적으로 달성하기 위해 그 과정과 관련이 있는 구성요소, 학습조건, 환경 등을 조직화시킨 종합적 체계로 해석할 수 있다. 일반적으로 수업의 세 가지 기능적 구성요소로 교사 · 학생 · 교과를 제시한다. 그러나 실제의 수업과정을 분석해보면 수업의 목표, 시설 및 기자재, 시간, 수업매체 및 보조 자료, 관계 직원 및 보조원 등도 교수와 학습에 무시하지 못할 영향을 미친다.

2) 수업체제 개발과 수업체제 설계의 차이

인적 · 물적 자원, 예산, 보조적 지원기능을 관리 · 운영하는 것은 수업체제 개발의 영역에 포함되며, 교실수업의 계획이나 단원에 대한 학습계획을 수립할 때 체계적이고 구체적으로 수업전략을 고안 · 실행 · 평가하는 일은 수업 설계작업에 포함된다. 수업 설계가 이상적인 수업이 무엇인지 밝혀주지만, 수업 개발은 효율적인 수업방법이 어떤 것인지 제시한다. 즉 수업 설계는 수업에 전개할 방법과 과정에 관심을 두는 것에 비해, 수업 개발은 그 방법과 과정의 개선 · 창안에 관심을 가진다.

3) 수업체제 개발방법

수업체제 개발은 수업과 관련이 있는 여러 가지 요소적 작업을 분석 · 설계 · 개발 · 수행(실행) · 질관리 등 서로 관련이 있으면서 확연하게 구별되는 몇 가지 단계를 거쳐 이루어진다.

수업체제를 개발하는 과정에는 체계적이고 논리적으로 조직 · 구성하는 방법이 필수적이다. 어떤 연구자는 정의→개발→평가 등 세 가지의 포괄적인 단계로 구성된 수업체제 개발모형을 제시하고, 어떤 연구자는 [그림 7-2]와 같은 개발모형을 제시한다(김종량, 1991).

| 그림 7-2 | 수업체제 개발모형

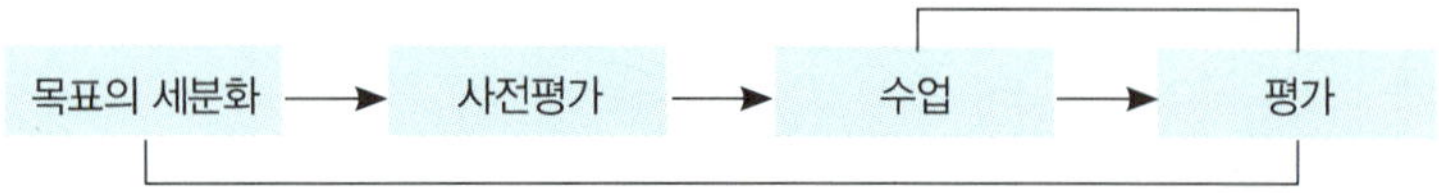

기존의 다양한 수업체제 개발모형이 개발되어 제시되었는데, 이 모형들은 대부분 분석 · 설계 · 실행 · 평가 · 수정의 단계 또는 분석 · 설계 · 개발 · 수행 · 질관리 등의 단계로 이루어져 있다. 한편 수업체제 개발모형의 특징과 그 질은 효과성평가, 효율성평가, 정의성평가, 적절성평가와 같은 네 가지 방법으로 평가할 수 있다(김종량, 1991).

2. 수업체제 설계방법

수업의 계획은 목적을 확인하고, 목표를 설정하며, 내용을 선정 · 조직하고, 소재와 자료를 선택하여 결정하며, 적절한 교수의 방법과 전략을 결정하고, 평가할 방법과 도구를 개발하는 절차 및 수준에 따라 수립된다.

1) 수업 설계의 의미와 전제조건

수업 설계를 넓은 의미로는 수업을 계획하는 과정으로, 좁은 의미로는 구체적으로 지정된 행동변화가 학습자에게 나타나도록 그의 학습행동을 일으키는 특정환경 상황을 명시하고 조성하는 과정으로 정의할 수 있다(김순택 외, 1993).

수업 설계는 일정한 절차를 따르기 마련인데, 가네와 브릭스(Gagne & Briggs, 1974)는 다음과 같은 일곱 단계를 제시한다.

① 수업을 통해 통달한 능력을 설정한다.

② 행동목표를 세목화한다.

③ 내 · 외적 조건을 제시한다.

④ 수업계열을 정한다.

⑤ 소단원 수업계획을 세우고 매체를 선정한다.

⑥ 수업을 평가할 계획을 수립한다.

⑦ 수업체제 전체를 설계한다.

이상과 같이 수업 설계는 단편적이고 개별적인 계획이 아니라 유기적이고 체계적인 계획의 입안으로(진위교, 1995) 수업활동이 전개되는 과정을 최적의 조건으로 구성함으로써 그 효과를 증진시켜보려는 계획의 수립을 말한다.

수업 설계는 수업과정의 이해와 개선에 목적을 두고 있으며, 특히 학습자의 요구와 목표를 분석하고, 그런 요구와 목표를 효과적으로 성취시킬 수 있도록 수업과 관련이 있는 변인과 요소들을 체계적으로 조직 · 운영하며, 적절한 수업의 방법을 처방하여 주기 위한 계획을 수립하는 과정이다.

수업 설계는 교사, 학생, 교과내용, 물리적 환경, 심리적 환경 등의 특성과 수업방법의 유형을 포함한 다양한 변인들이 상호작용할 수 있도록 구성함으로써 기대하는 교육목표를 효율적으로 달성시켜보려는 체계적 접근법의 한 과정이다(서울대학교 교육연구소, 1994). 수업 설계는 학업의 성취도를 증진시키기 위해 수업의 과정이나 그 활동과 관련이 있는 사태들을 설명하고 그에 따라 수업의 개선방안을 처방 · 예언하는 데 관심을 둔다.

교육학자들이 제시한 수업 설계의 의미와 정의를 분석해보면, 그것이 몇 가지 기능적 특성을 띠고 있음을 알 수 있다. 첫째, 수업 설계는 요구 사정과 문제분석을 토대로 의도된 수업목표를 달성하려는 목적의식을 자극한다. 즉 그것이 기대되는 학습의 성과를 성취하려는 방향 설정을 분명하게 제시한다. 둘째, 수업 설계는 교수-학습활동의 전개에 요구되는 조건 및 상황을 논리적이고 합리적으로 구성 · 조성해나가는 일련의 전략과정으로 이루어져 있다. 셋째, 그것은 수업체계의 구성요소들이 서로 관련되어 있고 상호작용을 통해 조직 · 통합된 가운데 단계별로 수업활동을 전개해나가는 체계적 접근의 특성을 지닌다.

이러한 특성을 지니고 있다는 점에서 수업 설계는 수업과 관련이 있는 요구를 검사하거나 문제를 분석하고, 그 결과를 바탕으로 목표를 설정하며, 그 목표가 구체적인 학습성과로 나타날 수 있도록 일련의 체계적 · 합리적 수업절차 및 전략을 고안 · 실행 · 평가 · 운영해나가는 전체적 과정이라고 말할 수 있다(김종량, 1991).

즉 수업 설계의 목적은 교육과정 및 교과목에 제시된 수업목표의 달성에 필요한 자료 · 수단 · 방법을 제공함에 있다.

2) 수업 설계의 필요성

수업의 효과는 학생들이 소기의 수업목표를 달성할 수 있도록 제공하는 수업과정의 구성요소와 조건들에 따라 결정된다. 따라서 그러한 요건들을 유효 적절하게 사전에 설계하는 작업, 즉 수업체계 설계가 필요하다. 켐프(Kemp, 1985)에 따르면, 수업을 계획하거나 설계해야 하는 근본적인 이유는 수업의 사전결정 가능성에 있다. 수업을 설계해야 할 이유와 필요성은 이 밖에도 다양한데,

이를 요약하면 다음과 같다(김종량, 1991).

① 수업을 통해 전개하려는 복잡한 수업사태를 정선하여 체계화할 필요가 있다.

② 학습자의 개인차를 고려하기 위해서는 학습자의 특성 진단을 계획하는 수업 설계가 필요하다.

③ 수업을 통해 학습된 행동이나 경험은 교정이 어렵기 때문에 수업은 완벽하게 계획한다.

④ 수업을 투입-산출관계로 가정하여 경제성 측면에서 충분한 검토를 거쳐 설계한다.

⑤ 학습자에게 교과의 방향을 제시하고 도착점을 안내하는 일은 철저한 수업설계를 통해서 가능하다.

⑥ 교사의 교수활동은 의사결정의 성격을 띠고 있어서 사전에 그 계획을 수립한다.

이렇게 수업 설계의 근본 목적은 학생들의 학습의욕을 고취시키고, 최적의 학습환경을 조성함으로써 궁극적으로 학습효과를 극대화시키는 데 있다.

3) 수업 설계의 절차와 수준

수업계획으로서의 수업 설계절차는 크게 수업 전 단계 · 상호작용단계 · 수업 후 단계로 대별할 수 있다. 수업 전 단계에서는 내용과 교수-학습전략을 선정하고 시간과 공간을 확보하며 수업의 전반적인 구조를 고려한다. 상호작용단계에서는 수업을 진행하며,

수업 후 단계에서는 이해도를 측정하며 피드백을 이용하고 검사하며 학생들의 시험에 점수를 매기며 성적표를 작성한다(Arends, 1998).

가네와 브릭스(Gagne & Briggs, 1974)는 수업체계의 설계단계를 과정상의 수준에 따라 분류하고, 각 수준 내의 단계들을 다시 세분화한다.

표 7-1 가네의 수업체계 설계단계

수준	단계
교육과정 수준	1. 필요성, 목적, 우선순위의 분석 2. 자원, 한계, 대체적 전달체제의 분석 3. 교육과정과 교과의 범위 및 순서의 결정, 전달체제의 설계
교과(course) 수준	4. 교과의 구조와 순서의 결정 5. 교과목표의 분석
수업(lesson) 수준	6. 행동목표의 정의 7. 수업계획의 준비 8. 개발, 자료 선정, 매체 9. 행동평가
체제(system) 수준	10. 교사의 현직연수 11. 형성평가 12. 현장검증, 개정 13. 총괄평가 14. 설치 및 확산

3. 수업 설계의 절차모형

1) 수업모형과 수업 설계모형

수업모형은 수업의 현상을 설명하기 위해 구성한 수업이론을 표현한 도구로, 수업 설계모형은 수업체제나 수업사태를 합리적으로 기술 · 진단 · 설명 · 처방 · 예언하기 위해 수업 설계과정을 축소하거나 단순화하여 제시한 구조로 정의할 수 있다.

수업 설계모형을 개발하는 근본적인 목적은 체제접근법을 통한 학습 · 수업 · 평가의 개선에 있다. 수업계획은 수업 설계모형을 근간으로 설계하며, 수업 설계모형은 수업이론과 수업모형을 바탕으로 구성한다. 수업계획은 수업프로그램의 설정, 수업모형의 선정, 프로그램의 계획, 프로그램의 평가의 네 단계를 거쳐 설계할 수도 있다(박성익 외 3인, 2003).

2) 가네의 수업체제 설계모형

수업 설계는 학습자 과제분석, 수업목표의 정의, 수업서열 설계, 수업사태, 매체의 선정 및 이용, 개별 교수학습계획, 성취도평가의 일곱 단계를 거친다. 여섯째 단계는 수업계획단계이며, 이 점에서 보면 수업계획 또는 수업 지도안은 수업 설계에 포함된다고 말할 수 있다.

과제분석은 수업조건을 계획하고 구체화하는 과정에 필요한 정보를 생성하는 몇 가지의 상호 밀접한 관계가 있는 절차를 말하며, 정보처리분석, 과제 분류, 학습과제분석의 세 가지로 대별할 수 있다. 수업목표는 수업 자료와 성취도평가를 개발하는 지침이다. 그러므로 수업목표의 확인을 수업 설계의 핵심단계로 볼 수밖에 없다. 수업의 목적은 몇 개의 교과목표로 구성되며, 교과목표는 성취목표를 정의하는 과정을 통하여 더욱 정제되고 조작적 용어의 수준으로 전환된다. 수업서열을 결정하는 일이 어느 교사에게나 쉽지는 않다. 수업서열은 교과 또는 교육과정, 제목, 단위수업, 수업의 구성요소 등 네 가지 수준에서 결정된다.

예기된 학습결과를 결정하고 성취목표를 확인하며 주제와 수업의 계열을 결정한 다음에는 교사의 교수활동과 학생들의 학습활동을 위한 수업계획을 세운다. 수업계획은 흔히 수업모형 또는 학습모형을 근거로 수립한다. 성취목표를 달성하기 위한 수업사태와 그 과정을 요약하면 다음과 같다.

① **주의집중** : 자극 수용의 정도와 성질을 결정한다.
② **선택적 지각** : 단기 기억에 저장하기 위해 자극을 객관적 특성으로 전환한다.
③ **암송** : 단기 기억에 저장된 항목을 유지 · 검토한다.
④ **어의적 암호화** : 장기 기억에 저장하기 위해 언어적으로 암호화한다.
⑤ **복구 혹은 검색** : 저장된 정보를 작업 기억 또는 반응생성 기구로 보낸다.
⑥ **반응조직** : 행동을 선정하여 조직한다.
⑦ **피드백** : 강화해주는 외부 자극을 준다.
⑧ **수행통제과정** : 인지적 전략을 선정하여 활성화한다. 이는 내적 과정을 수정한다.

수업사태를 결정하면 수업매체를 선정해야 하는데, 수업매체는 과제 변인, 학습자 변인, 가정된 학습환경 등을 고려하여 교수-학습의 효율성과 경제성을 근거로 결정한다. 수업매체는 선정모형에 따라 결정해야 하는데, 수업매체의 선정모형은 수업매체의 목표, 학습자의 특성, 매체의 특성, 매체의 실용성 등을 토대로 구성한다.

매체를 선정했으면 각 단위수업, 즉 일일수업을 설계한다. 단위별 수업은 선행조건에 맞추어 설계하며, 수업사태를 통합하는 형식으로 계획을 세운다. 일일수업을 위한 수업계획으로는 대체로 다음과 같은 네 단계를 따른다.

① 수업목표를 진술하고, 이를 학습결과의 영역에 따라 분류한다.
② 적용할 수업사태를 나열한다.
③ 각 수업사태를 거칠 때 활용할 매체 · 자료 · 활동 등을 나열한다.
④ 교사의 역할과 활동 그리고 학생들에게 제시할 방향을 기록한다.

가네가 제시한 수업 설계모형의 마지막 단계에서는 수업 설계의 타당성 및 적절성을 확인 · 검토한다. 이는 학생들이 목표에 도달한 정도를 검증함으로써 확인할 수 있다. 이에 적절한 평가방법은 절대기준 해석을 수반하는 객관적-목표별 검사법이다.

① 목표에 도달한 정도를 보여주며, 다른 목표를 성취할 수 있게 공부하도록 한다.
② 학습의 실패를 조기에 확인하고 진단하며, 그 치료법을 보여준다.
③ 수업의 개선에 필요한 자료를 제공한다.
④ 수업을 통해 성취하기를 기대하는 목표의 도달도를 측정한다.

이와 같은 객관적-목표별 검사법은 목표의 성취도를 직접 평가하는 방법이다.

3) 딕-케리의 수업 설계모형

딕과 케리(Dick & Carey, 1978)는 [그림 7-3]과 같은 몇몇 단계로 구성된 체제적 수업 설계모형을 제시한다.

| 그림 7-3 | 딕과 케리의 수업 설계모형

4) 레신의 수업 설계모형

수업은 그 자체로 조직적 체제이자 개발체제의 산물이다. 수업은 일련의 과정과 활동의 종합적 체제로서 여러 분야의 전문가들로 이루어진 연구·개발체제의 산물이다. [표 7-2]는 수업의 개발체제를 나타낸다(Leshin, Pollock & Reigeluth, 1992).

표 7-2 수업의 설계전략과 절차

제1단계	문제분석	• 문제의 정의 • 문제의 출처 확인 • 가능한 해결책 결정 • 결과에 관한 의사소통
제2단계	영역분석	• 각 영역을 이루는 과제 확인 • 각 과제의 수행상 결함 확인 • 각 과제의 수업목표 진술 • 각 과제의 수행도구 개발
제3단계	과제분석 및 계열화	• 과정적 혹은 전이과제 결정 • 과제의 목표와 도구분석 • 과제의 핵심요소의 확인 · 계열화 • 대상 학습자분석 • 현행 교과분석 • 매체 선택폭 한정 • 결과 의사소통 • 과제계획
제4단계	지지내용의 분석 및 계열화	• 과정과제의 지지내용 확인 · 계열화 • 전이과제의 지지내용 확인 · 계열화 • 주요내용과 지지내용의 대응 • 내용의 모듈화 분배
제5단계	학습사건 및 활동 구체화	• 내용의 학습형태로의 범주화 • 수업계획 • 최종매체 선정 • 시험지 · 제시 · 검토문항 진술 • 수업 경영계획의 구체화
제6단계	매체에 적절한 수업의 설계	• 전달방법 · 수단 설계 • 상호작용계획 • 주의집중수단의 계획
제7단계	수업평가 1	• 전문가의 검토 • 1대 1 형성평가 • 예비 형성평가 • 필요에 따른 총괄평가

제 3 절 교수 · 학습과정

1. 교수 · 학습조건

1) 학습동기

학습동기는 학습자가 스스로 배우려는 의욕을 가지고 적극적 · 능동적으로 학습활동을 전개하도록 조건을 형성해주는 것을 말한다. 동기는 학생이 자발적으로 행동을 하고자 하는 근본 동인으로서 욕구 · 희망 · 긴장 · 태세 · 경향 · 태도 · 흥미 등 여러 형태가 있으며, 이것들이 개체로 하여금 행동을 일으키게 하는 중요한 원인이 된다. 이것은 학생에 따라 뚜렷한 차이가 있으므로 각자에게 적합한 동기가 연구되어야 한다. 학습동기의 기능은 다음과 같다.

① 학습동기는 학습활동에 활기를 불어넣어 주어 학습활동을 활발하게 전개시킨다.
② 학습동기는 학습에 효과적인 행동을 선택하게 한다.
③ 학습동기는 학습목표를 향해서 개체의 에너지를 집중하도록 한다.

따라서 학습동기를 유발하는 효과적인 방법은 개체와 장소에 따라 달라져야 하는데 주로 사용되는 방법은 다음과 같다.

① 상벌, 칭찬 · 질책에 의한 방법
② 성취감과 좌절감을 이용하는 방법
③ 협동과 경쟁을 이용하는 방법

④ 교수 · 학습목표나 결과를 알려주는 방법
⑤ 교수 · 학습 장면의 설정에 의한 방법
⑥ 교수 · 학습형태를 연구하는 방법

2) 준비도

교수 · 학습을 결정하는 제2의 조건은 준비도이다. 준비도는 학습자의 심신발달의 정도에 따라 무리 없이 가르쳐야 한다는 개념이다. 준비도의 중요 하위요인으로는 성숙도 · 생활연령과 정신연령 · 경험 · 개인차 등이 있다.

3) 전이

전이는 어떤 내용을 학습한 결과가 다른 내용의 학습에 직접 또는 간접으로 영향을 미치는 것을 말한다. 즉 선수학습이 새로운 지식이나 기술의 획득, 문제해결, 습관이나 태도의 형성에 영향을 주는 것을 학습의 전이라고 한다. 이때 선수학습의 결과가 후속될 학습을 촉진시키는 경우를 적극적 전이라고 하고, 반대로 선수학습이 뒤따르는 학습을 방해할 경우를 소극적 전이라고 한다.

전이를 가능하게 하는 요인에는 다음과 같은 것이 있는데, 선수학습과 후속학습이 서로 비슷할 때, 즉 동일한 요소가 있을 때 더 큰 성과를 얻을 수 있다. 또 먼저 배운 학습이 철저하고 완전해야 전이효과가 크며, 선수학습에서 특히 강조하고 주의한 내용이 후속될 학습에 나올 때 전이가 쉽게 된다. 일반적으로 학습자의 지능이 좋을수록 전이효과가 큰 것으로 알려져 있다.

4) 기억

기억은 좁은 뜻으로는 과거의 경험이나 행동이 현재의 경험이나 행동을 규정하는 것을 말하지만, 넓은 의미로는 기명 · 파지 · 재생 · 재인의 네 단계를 거쳐서 비로소 기억이 이루어진다. 여기에는 먼저 어떤 인상이나 경험이 마음에 새겨져서 각인이 되고, 이것이 일정한 기간 파지되었다가 얼마 후에 다시 의식으로 나타나는 재생이 일어난다. 이것이 언제 어디서의 경험인가를 확인하는 재인을 하게 되는데, 때로는 이러한 과정에서 재생이 되지 않을 수도 있다. 이러한 현상을 망각이라고 한다.

5) 학습환경

학습환경에는 물리적 환경과 인간적 환경이 있다. 물리적 환경은 학습의욕 내지 학습동기를 자극하는 요인이다. 교실의 통풍 · 채광 · 온도 · 습도 · 소음 등은 교수 · 학습활동의 효과를 좌우하는 중요하는 요소가 된다. 그 밖에 학습기재나 보조용구, 도서시설 등 물리적 요소가 교수 · 학습과정에 영향을 준다는 점에서 교수 · 학습지도의 기본적 조건이 된다.

인간적 환경으로서 교사와 학생의 관계 또는 학생과 학생의 관계는 수업분위기, 학습에 대한 흥미, 학습동기 등을 실질적으로 지배하기 쉬운 요소들이다. 인간적 환경 중에서도 교사와의 관계가 가장 중요하다. 그 이유는 아동 · 학생의 학습동기를 결정적으로 좌우할 수 있기 때문이다. 레빈(K. Lewin, 1890~1947)의 연구에 의하여 학습의 인간적 환경, 즉 학급 분위기에 따라 그 학급 학생들의 행동 양식이 다르게 나타난다고 한다. 하트(F. W. Hart)의 연구에서도 학생들이 좋아하고 싫어하는 교사상에 따라 교수 · 학습활동의 효과에 큰 차이가 있음을 보여주고 있다.

2. 교수 · 학습의 원리

1) 자발성의 원리

자발성의 원리는 교수 · 학습과정에서 학생 위주의 교육을 강조하는 원리이다. 자발성이란 인간 내부에서부터 모든 방면으로 자라나려는 능력이나 충동 또는 가능성을 말하는데, 학생이 이것을 어떻게 발휘할 수 있도록 하느냐가 교사의 중요한 임무이다. 이 자발성을 길러주기 위해서는 모든 학습활동을 학생 자신이 하도록 하고, 교수 · 학습방법의 면에서는 토의법에 의해 발표력을 기르며, 문제해결법을 통해 문제해결능력을 신장시켜주어야 한다.

2) 개별화의 원리

개별화의 원리는 학습의 내용과 진도 등을 학생의 개성과 능력 등에 합치시키려는 원리이다. 학생들 속에서 개인차를 찾아내기란 어렵고도 힘든 일이다. 그러나 모든 교사들은 개인차를 사실로서 수용하고 존중하면서 개인차의 발견을 위한 진단과정을 중요시해야 한다. 따라서 학습지도계획을 세울 때나 학습을 전개할 때, 그리고 과제를 부과하고 학습결과를 평가할 때 이 개별화의 원리를 잘 적용함으로써 교수 · 학습효과를 높일 수 있다.

3) 사회화의 원리

사회화의 원리는 학교교육을 통하여 학생들을 사회화함으로써 유용한 사회인으로 육성하자는 원리이다. 각 개인이 하나의 독립된 인간으로서 그들이 속한 각종 사회에 참가하여 원만한 사회관계를 맺어가면서 개인적으로 보람 있고 사회적으로 유익한 일원이 되도록 학습되어야 한다. 따라서 교수 · 학습경험은 현실사회의 문제를 기반으로 하여 학교 안에서의 경험과 학교 밖에서의 경험을 서로 교류시켜야 하며, 집단과정을 통한 협동능력과 책임의식에 대한 학습경험도 제공해야 한다.

4) 통합성의 원리

통합성의 원리는 전인 지향적인 교육을 하자는 원리이다. 교수 · 학습지도에 있어서 통합성의 원리는 교재의 통합과 인격의 통합으로 나누어 생각할 수 있다. 교재의 통합은 교수 · 학습에 필요한 모든 교재를 학생 중심으로 통합시키자는 것이고, 인격의 통합은 개별화로서의 개인학습과 사회화로서의 공동학습에 유의하면서 인지적 영역, 정의적 영역, 신체적 영역을 골고루 발달시켜 지 · 덕 · 체 · 지 · 정 · 의의 조화적 균형을 이루자는 것이다.

5) 목적의 원리

목적의 원리는 교육목표를 학생들의 발달단계에 따라 학생 중심으로 적합하게 표현해야 한다는 원리이다. 따라서 목적의 원리는 교수 · 학습경험을 학습할 때 학생 각자가 뚜렷한 목적의식을 갖도록 사전 자극을 주어 학습의욕을 일으키고, 흥미를 가질 수 있도록 해야 함을 강조한다.

3. 교수 · 학습과정

교수 · 학습모형으로서 널리 알려진 글레이저(R. Glaser)의 수업모형을 그림으로 나타내면 다음과 같다.

| 그림 7-4 | 글레이저의 수업모형

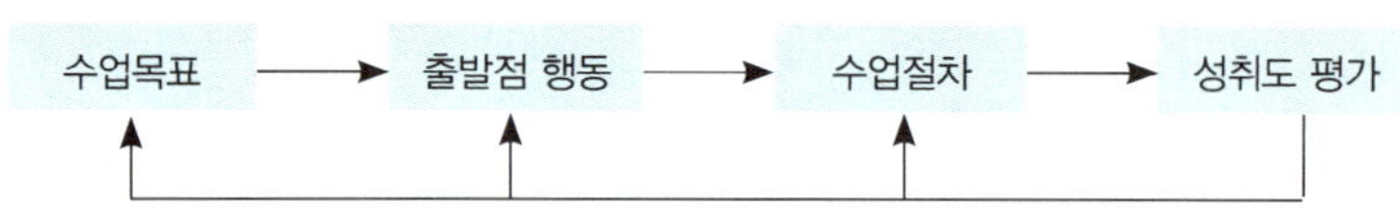

글레이저는 교수 · 학습과정을 하나의 체제로 파악하고, 그것을 네 개의 구성요소로 구분하고 있다. [그림 7-4]에서 교수 · 학습의 각 과정 사이의 화살표는 수업의 진행방향을 나타낸 것이고, 아래의 선은 평가반송선이다. 평가반송선은 성취도평가단계와 앞의 세 단계를 연결시키고 있다.

1) 수업목표

수업목표는 한 시간의 교수 · 학습 또는 한 단원의 교수 · 학습이 끝났을 때 학생들에게 기대되는 성취에 대한 진술이다. 즉 수업목표는 기대되는 성취도를 구체적이고 명확하게 기술한 것이다. 따라서 수업목표는 가능한 한 구체적이고 성취적인 용어로 진술되어야 한다.

수업목표를 이와 같이 구체적인 성취적 개념으로 표시하기 때문에 종래의 수업목표로 자주 사용되었던 '이해한다', '파악한다', '뜻을 안다' 등과 같은 용어는 사용하지 않고 '말할 수 있다', '풀 수 있다', '만들 수 있다' 등의 행동적인 용어를 사용한다.

수업목표를 구체적이고 명확하게 진술하는 것은 시간이 많이 걸리고 어려운 일이다. 그러나 구체적이고 명확하게 잘 서술된 수업목표는 여러 가지로 유용하다. 이러한 수업목표는 교사의 교수목표로 또 학생의 학습목표로 수업계획에서 중요한 지침이 될 뿐만 아니라 성취도평가의 기준이 된다. 그러나 수업목표에 따라서는 이렇게 진술할 수 없을 뿐만 아니라 진술해서도 안 되는 목표들이 있다. 인간의 태도 · 가치관 · 신념체제 등과 같은 정의적 영역의 목표가 이에 해당된다.

2) 출발점 행동

출발점 행동은 학생이 새로운 도착점을 획득할 수 있기 전에 이미 획득된 행동을 말한다. 즉 특정학습에 돌입하기 위하여 갖추어져 있어야 할 선수학습을 의미한다. 이 출발점 행동의 단계에서는 선수학습을 진단하고 결함이 발견되면, 이를 보충하여 선수학습을 하게 한다.

이와 같은 목적을 위해서 학습 단원이 시작되기 전에 그 단원의 학습에 전제되어야 할 학습요소로 짜여진 기초학력 진단검사가 선수학습 결함의 정도를 알기 위해서 실시된다. 실시결과 선수학습에서 결함을 가진 학생은 이를 보충할 수 있는 교수 · 학습계획이 짜여져야 한다.

3) 수업절차

수업절차에는 수업목표달성을 위한 교수 · 학습의 계획과 전개가 포함된다. 수업목표달성을 위한 교수 · 학습계획으로는 수업활동, 집단조직, 시청각매체의 활용 등을 들 수 있다.

이 수업절차단계는 교수 · 학습과정 중에서 가장 중심적인 단계로서 교사는 자신이 수립한 교수 · 학습의 계획에 따라 수업을 전개해나간다. 이 단계를 중심적이라고 하는 이유는 실질적으로 학교 수업시간의 약 90% 이상이 이 단계의 활동을 위해서 배정되고 사용되기 때문이다.

교수 · 학습의 전개과정을 제시하면 다음과 같다.

① 학습과제와 관련된 사물 또는 자료를 보여준다든지 질문을 해서 지적 호기심을 불러일으켜 주의를 환기시키고, 학습목표를 제시하여 달성한 후의 능력 혹은 지식에 대한 기대감을 심어주어 동기를 유발시킨다.

② 교사의 지시나 질문으로 선수학습, 즉 학습하려는 개념이나

원리 또는 지식의 구성요소들을 상기시키는 동시에 학습내용을 적절한 자극형태로 잘 조직하여 제시한다.

③ 질문을 하고 단서나 힌트를 주어 학생이 스스로 추리하고 탐구하여 해답을 발견하도록 지도한다.

④ 학생들이 학습한 것을 표현해보도록 예를 들게 하거나 질문이나 단서를 준다. 파지(把持)를 높이기 위해서 반복하여 연습시킬 필요가 있다.

⑤ 수업목표의 행동이 일어날 수 있는 상황을 마련하거나 질문을 통해서 학생들로 하여금 목표달성 여부를 확인하게 한다. 이것이 형성평가이다. 형성평가결과를 평가 반송해주고 목표를 달성하지 못한 학생들은 집단 또는 개별적으로 보충지도해서 수업목표에 도달하게 한다.

4) 성취도평가

평가는 배치평가 · 형성평가 · 진단평가 · 총합평가로 구분할 수 있다. 출발점 행동을 평가하는 배치평가, 수업이 진행되는 동안 학생의 학습 진도를 평가하는 형성평가, 수업이 진행되는 동안 학생의 학습장애를 진단하고 분석하는 진단평가, 글레이저 수업모형의 마지막 단계에서 학생의 성취도를 평가하는 총합평가가 있다. 이 총합평가는 교수 · 학습계획의 성패 또는 그 효과를 밝히기 위한 평가이기도 하다.

제 4 절 수업매체

1. 수업매체의 정의

매체란 의사소통을 위한 채널을 의미한다(Heinich, et al., 1999). 매체란 라틴어로 '사이(between)'를 의미하는 것으로 정보의 전달자와 수신자 사이에 정보를 전달하는 모든 수단을 의미한다. 예를 들어 비디오, TV, 컴퓨터, 책자, 교사 등을 들 수 있다.

수업매체는 교육매체로 일컬어지기도 하며, 교사의 수업이나 교수에는 도구가 되고 학생들의 학습에는 그 지침이 되는 매체를 총칭한다. 수업매체는 의사소통을 명확하게 하려 할 때 특히 유용하며, 교육방법을 여러 가지로 제시하여 학생들의 흥미를 자극함으로써 학습이 효과적으로 일어나게 하는 기능을 말한다. 교육을 일종의 의사소통과정으로 볼 때 교수–학습과정은 그 내용을 교환하는 과정이며, 그 과정에서 내용을 효과적으로 보내는 수단이 수업매체이다(서울대학교 교육연구소, 1994).

수업매체는 교사 · 교재 · 학교의 제반 환경을 교육매체로 취급할 수 있다. 더 구체적으로 말하면 그것에는 교사의 말에서부터 인쇄물, 지연의 사물, 사진이나 그림, 영화, VTR, 컴퓨터 등이 포함된다(김순택 외, 1993).

수업매체는 자료의 내용과 장치도구를 합친 이름이다(진위교 외, 1995). 수업매체는 수업을 목적으로 하는 통신수단이기도 하며, 어느 것이나 자료나 기재로 구분할 수 있다. VTR을 이용할 경우 촬영기와 재생기는 기재이고, 재생되는 화면과 음성은 자료이다. 자료 자체는 여러 가지 형태로 구성·개발될 수 있다. 자료는 흔히 소프트웨어로 불리기도 하는데, 이와 대응하여 기재나 장치는 하드웨어로 일컬어진다.

수업매체를 하드웨어와 소프트웨어로 특징지을 때에는 기술도 중요한 구성요소이다. 여기서 말하는 기술은 하드웨어를 활용하거나 조작하는 능력으로서 교육현장에서 활용하는 게임, 모의학습, 컴퓨터 보조학습(CAI) 등이 그 예이다(김순택 외, 1994). 매체를 이와 같이 특징지을 때, 그것은 통신하는 기술적 수단과 장치, 즉 정보의 전달체제로 정의할 수도 있다(진위교 외, 1995).

2. 수업매체의 기능

교육현장에서는 수업매체의 여러 기능 가운데 고정적 기능, 조작적 기능, 분배적 기능을 주로 활용한다(진위교 외, 1995).

첫째, 수업매체의 기능은 저장된 지식과 정보를 필요한 사람에게 제공하는 기능을 한다. 책·슬라이드·영화·VTR 등은 나름대로 독특한 방법으로 자료와 지식을 저장한다. 수업매체는 정착·고정시키는 기능도 가지고 있다. 수업매체는 사건이나 사태를 제때에 포착하여 보존하며, 필요에 따라 재형성하는 기능을 한다.

둘째, 수업매체는 그 대상·사건·사상을 원하는 형태로 변형시킬 수 있다.

셋째, 수업매체는 지식과 정보를 시간과 공간을 초월하여 전달할 수 있다. 통신기기가 발달할수록 수업매체가 지니는 광역성과

도시성은 점점 더 확대된다. 그에 따라 전달되는 지식과 정보의 양도 많아지며, 그 내용도 더욱 정확해지고 실제에 가까워진다.

3. 수업매체 선정원리

수업매체는 수업의 내적 사상, 즉 학습과정을 자극하는 수업의 외적 사상을 제시한다. 한편 수업매체는 이론적으로 타당하고 실제적으로 유용한 것을 선정할 때에는 다음과 같은 요인을 고려한다(진위교 외, 1995).

① **매체의 적절성** : 매체의 범위와 활용방법의 적합성
② **학습자의 이해 수준** : 학습자의 연령 및 지적 배경과 곤란도의 적합성
③ **매체의 제작 경비** : 동일한 효과를 낼 경우 비용이 저렴한 것
④ **활용 가능성** : 시설 및 자료와의 부합성
⑤ **기술적 지원 여부** : 기술의 정확성 보장
⑥ **정교성** : 처리나 수준이 학생에게 맞아야 함
⑦ **가용성(구입의 용이성)** : 학교 형편에서 구입할 수 있음

수업매체의 효과는 수업이 끝난 다음, 학생들이 도달한 성취도 수준으로 결정할 수 있다. 학생들의 학업성취도 수준은 수업목표에 대한 평가를 통해 알아볼 수 있는데, 이는 곧 수업매체를 수업목표에 따라 선정해야 함을 암시한다. 행동적 용어를 사용하여 구체적으로 진술한 수업목표는 수업의 방법과 절차는 물론이고 학습과제를 제시해주며, 수업매체는 그런 수업목표의 달성에 경제적이

고 효율적인 것으로 선정한다. 수업매체는 수업사태에 따라 선정할 수도 있다. 수업매체를 선정할 때에는 나이, 사전경험, 지적 발달 수준과 능력 등 학생들의 특성도 고려한다. 수업매체를 선정·활용하고자 할 때에는 비교, 실용성, 이용 가능성, 개발에 드는 시간 등도 고려한다.

4. 수업매체와 선정절차

수업매체는 일련의 절차에 따라 선정하는데, 먼저 수업목표를 재확인한다. 수업목표는 행동 동사를 사용하여 가능한 한 구체적으로 진술한다. 수업목표를 확인한 다음에는 학습 유형을 다시 규정한다. 각 학습 유형은 그에 고유한 학습조건을 만족시켜야 하기 때문에, 어떤 학습 유형을 확인하면 그에 적절한 수업매체도 자동적으로 결정할 수 있다.

그 다음은 수업사태를 생각해본다. 각 수업사태에 적합한 수업매체를 선정하기 위해서는 수업과정을 분석해본다. 이어서 수업매체를 선정한다. 수업목표와 수업유형을 결정하면 필요한 수업사태는 곧바로 결정할 수 있다. 수업목표와 수업유형을 결정한 다음에는 각 수업사태의 순서에 따라 어떤 수업매체가 필요한지 따져본다.

특정단원의 수업목표를 확인하고, 그 목표의 성취에 적절한 수업사태와 계열을 생각한 다음, 각 단계별로 필요한 수업매체를 선정하여 목록으로 작성하면 이용하기에도 편리하다.

이와 같은 방법과 과정에 따라 수업매체를 결정하였으면 수업매체에 대한 설명서를 구체적으로 작성한다. 수업매체를 정당하게 활용하면 개별화 수업도 가능하다.

5. 수업매체의 유형

| 표 7-3 | 수업매체의 유형

비투시적 매체	실물	사물을 자연상태로 관찰할 수 있고, 가장 효율적인 수업매체이다.
	모형	실물의 특성을 단순화하거나 축소·확대하여 실물의 단점을 보완하다.
	표본	실물의 일종으로 실물의 단점을 보완한다.
	디오라마	그림이나 동화의 무대 등을 입체화시켜 강한 현실성을 나타내는 방법이다.
	실물정화	사람, 장소, 물건의 평면시간 표현법을 말한다.
	시뮬레이션	실제 상황을 단면 상황이나 과정을 단순화하거나, 추상적인 방법으로 재생시켜 놓은 방법이다.
투시적 매체	슬라이드	각각의 필름이 따로 떨어져 각 필름을 별개의 것으로 보여준다.
	실물화상기	투명한 물체뿐만 아니라 불투명한 물체도 투사시켜 스크린에 재생시키는 기계이다.
	OHP	OHP는 투영판에 TP라는 투시화를 놓고 교사 뒤편에 있는 스크린에 제시하는 방법이다.
	컴퓨터 프로젝터	컴퓨터 모터니 화면을 프로젝터를 이용해 스크린에 투사해주는 것으로 엘시디 패널(LCD panel)과 빔 프로젝터(beam projector)의 두 가지 방식이 있다.
녹음자료	음반	사용하기 쉽고 영속적이고 널리 보급되어 있다.
	카세트테이프	쌍방 의사소통이 가능하며, 쉽게 지워져 녹음이 손실되기 쉽다.
방송매체	교육방송	수많은 익명의 불특정 다수에게 같은 정보를 전달할 수 있는 매체이다.

제5절 직업계 고등학교의 직업기초능력 향상을 위한 수업방안

1. 직무수준과 직업기초능력

직업기초능력이란 직종 또는 직위에 관계없이 대부분의 직종에서 직무를 성공적으로 수행하는 데 공통적으로 필요한 능력을 의미한다(정철영 외, 1998; 나승일 외, 2003). 직업기초능력의 영역 및 하위요소에 대해서는 학자들마다 다양하게 제시하고 있다.

미국 노동부 산하 SCANS(Secretary's Commission Achieving Necessary Skills, 1992)는 직업기초능력을 크게 직무현장능력과 기본능력으로 구분하였다. 직무현장능력에는 자원활용능력, 정보능력, 대인관계능력, 시스템능력, 기술활용능력 등 다섯 가지 영역이 포함되며, 기본능력에는 기초능력, 사고력, 개인적 자질 등 세 가지 영역이 포함된다.

영국의 QCA(Qualification and Curriculum Authority)는 직업기초능력의 하위 영역으로 의사소통능력, 수리적용능력, 정보활용능력, 자기학습능력, 대인관계능력, 문제해결능력 등 여섯 가지 영역을 제시하였다(나승일 외, 2003).

국내에서는 이무근 · 김용익(1997)이 직업기초능력의 하위 영역으로 의사소통능력, 외국어 의사소통능력, 수리능력, 문제해결능력, 정보소양능력, 대인관계능력, 문화이해능력을 제시하였고, 정철영 외(1998)는 의사소통능력, 수리능력, 문제해결능력, 자기관리 및 개발능력, 자원활용능력, 대인관계능력, 정보능력, 기술능력, 조직이해능력 등을 제시하였으며, 나승일 외(2003)는 의사소통능력, 수리능력, 문제해결능력, 자원관리능력, 대인관계능력, 정보능력, 기술능력, 조직이해능력, 직업윤리 등을 제시하였다.

한편 미국의 SCANS는 직업기초능력 수준을 초보 수준, 준비 수준, 적용 수준, 숙련 수준, 전문 수준 등 다섯 단계로 구분하였다(나승일 외, 2003). 이상의 국내 · 외 직업기초능력의 영역을 종합해보면 [표 7-4]와 같다.

| 표 7-4 | 국내 · 외 직업기초능력 영역의 종합

구분		의사소통능력	정보의 처리 및 활용능력	문제해결능력	대인관계 및 협력능력	자기관리능력	기술적 지식의 적용능력	수리능력	자원활용능력	문화이해능력	기타
미국	SCANS	O	O	O	O	O	O		O		
영국	FEU	O	O	O	O	O	O	O			O
호주	Karmel	O	O	O			O				
뉴질랜드	CICAQ	O		O	O	O	O				
한국	이무근 외	O	O	O	O			O		O	
	정철영 외	O	O	O	O	O	O	O	O		O

자료 : 서우석, "초 · 중등학교에서의 직업기초능력 개발", 한국직업능력개발원 연구보고서, 2000, p. 19에서 수정

박동열(2005)은 행동기술척도에 따른 대학생 직업기초능력 진단도구를 개발하여 각 개인마다 직업기초능력 수준에 차이가 있으며, 직업기초능력을 행동기술척도에 따라 측정할 수 있음을 시사

하였다. 조정윤 외(1998)는 직무수행 수준과 교육훈련 수준 그리고 국가기술자격 등급과의 관련성을 [표 7-5]와 같이 제시하였다.

| 표 7-5 | 국가자격체계의 구성 및 타 자격제도 간의 관계

<table>
<tr><th>수준</th><th>국가자격 체계</th><th colspan="2">직무수행 수준</th><th colspan="2">교육훈련 수준</th><th>현행국가 기술자격 등급체계</th></tr>
<tr><td>6</td><td>국가자격 Ⅵ</td><td rowspan="2">전문직</td><td>최상급기술자 또는 최상급관리자</td><td rowspan="2">고등교육 수준 이상 및 이에 상응하는 훈련</td><td>대학원 졸업(박사)</td><td>기술사</td></tr>
<tr><td>5</td><td>국가자격 Ⅴ</td><td>상급기술자 또는 상급관리자</td><td>대학원 졸업(석사)</td><td></td></tr>
<tr><td>4</td><td>국가자격 Ⅳ</td><td rowspan="2">준 전문직</td><td>초급기술자 또는 초급관리직</td><td rowspan="2">고등교육 수준 및 이에 상응하는 훈련</td><td>4년제 대학 졸업(학사)</td><td>기사</td></tr>
<tr><td>3</td><td>국가자격 Ⅲ</td><td>작업감독</td><td>2년제 대학 졸업</td><td>산업기사</td></tr>
<tr><td>2</td><td>국가자격 Ⅱ</td><td>입직</td><td>숙련작업</td><td>중등교육훈련</td><td>고등학교 졸업</td><td>기능사</td></tr>
<tr><td>1</td><td>국가자격 Ⅰ</td><td>입직</td><td>반숙련작업</td><td>중등교육훈련</td><td>중졸, 고교 재학</td><td>기능사</td></tr>
</table>

자료 : 조정윤 외, "국가기술자격 이외의 국가자격취득자에 대한 학점 인정 방안 연구", 한국직업능력개발원 연구보고서, 1998.

이에 따른 고등학생 수준의 전반적인 직무수행기준과 지식과 기술 영역, 직무수행환경 및 수준 영역, 책임 및 자율성 등에 대한 세부 직무기준을 종합적으로 살펴보면 다음 [표 7-6]과 같다.

| 표 7-6 | 국가자격체계에 따른 전문계 고등학교 학생의 직무수행 수준

국가자격 체계의 직무수행 수준	국가자격 I, II
지식과 기술 영역	• 기본지식을 적정한 범위에서 활용하기 위한 기본지식 • 일반적으로 요구되는 이론적 지식 • 실제적인 직무에 규정된 범위의 적용
	• 기본지식의 이해능력 • 일반적으로 요구되는 단순한 지식 • 실제적인 직무에 규정된 범위의 적용
직무수행환경 및 수준	• 알려진 운영환경의 범위내용 • 대개 알려진 반복적인 기능과 방법을 포함한 제한된 범위의 활동을 포함 • 선택된 장비, 서비스, 활동과 선택의 복잡성을 포함하는 일
	• 대개 알려진 반복적인 기능을 포함한 제한된 범위의 활동을 포함 • 제한적이고 정의된 범위의 내용 • 제한된 선택, 활동과 선택의 복잡성을 포함하는 일
책임, 책무 및 자율 영역	• 개인적인 업무 혹은 질적인 결과물 산출을 위한 제한된 책임 • 팀의 결과물 산출을 위해 개인적으로 제한된 책임 • 제한적인 자율권
	• 개인적인 업무에 대한 제한적 책임 • 업무처리에 있어 개인적으로 제한된 책임 • 지극히 제한적인 자율권

자료 : 박동열, "생애고용 가능성 제고를 위한 전문계 고등학교 학생 직업기초능력 향상 프로그램 개발 연구", 한국직업능력개발원 연구보고서, 2005.

전문계 고등학교의 직무수행 수준에 요구되는 지식 및 기술 영역은 기본지식을 적정한 범위에서 활용하기 위한 기본지식과 일반적으로 요구되는 이론적인 지식, 실제적인 직무에 규정된 범위의 적용능력이 요구되고, 직무수행환경 및 수준 영역에서는 알려진 환경 범위내용과 대개 알려진 반복적인 기능과 방법을 포함한 제한된 범위의 활동과 선택된 장비, 활동 그리고 선택의 복잡성을 포함하는 일을 수행한다.

마지막으로 전문계 고등학교 수준에서의 책임, 책무 및 자율 영역을 살펴보면, 개인적인 업무 혹은 결과물 산출을 위한 제한된 책임과 팀의 결과물 산출을 위해 개인적으로 제한된 책임 그리고 제한적인 자율권이 요구된다. 한국직업능력개발원의 정철영 외(1998)의 연구에서 직업기초능력으로 도출한 9개 영역의 하위요소 각각에 대해 국민공통기본교육과정에서 설정한 기간인 10학년까지를 분석하여 직업기초능력 수준을 제시하면 [표 7-7]과 같다.

표 7-7 직업기초능력의 영역과 하위요소

영역	정의	하위요소
의사소통능력	업무를 수행하는 데 글과 말을 읽고, 들음으로써 다른 사람이 뜻한 바를 글과 말을 통해 정확하게 쓰거나 말하는 능력	• 읽기능력 • 쓰기능력 • 듣기능력 • 말하기능력 • 비언어적 표현능력 • 외국어 읽기능력
수리능력	업무를 수행하는 데 사칙연산, 통계, 확률의 의미를 정확하게 이해하고 이를 업무에 적용하는 능력	• 사칙연산 이해능력 • 통계와 확률에 대한 이해능력 • 도표해석 및 표현능력
문제해결능력	업무를 수행하면서 문제 상황이 발생하였을 경우, 창조적이고 논리적인 사고를 통하여 이를 올바르게 인식하고 적절히 해결하는 능력	• 사고력 • 문제인식능력 • 대인선택능력 • 대안적용능력 • 대안평가능력

자기관리, 개발능력	업무를 원활히 추진하는 데 적절한 자질을 지닐 수 있도록 스스로를 관리하고 개발하는 능력	• 자기관리능력 • 진로개발능력 • 직업에 대한 건전한 가치관과 태도
자원활용능력	업무를 수행하는 데 시간, 자본, 재료 및 시설, 인적자원 등의 자원 가운데 무엇이 얼마나 필요한지를 확인하고, 이용 가능한 자원을 최대한 수집하여 실제 업무에 어떻게 활용할 것인지를 계획하고 계획대로 업무수행에 이를 할당하는 능력	• 자원확인능력 • 자원조직능력 • 자원계획능력 • 자원할당능력
대인관계능력	업무를 수행하는 데 접촉하게 되는 사람들과 문제를 일으키지 않고 원만하게 지내는 능력	• 협동능력 • 리더십능력 • 갈등관리능력 • 협상능력 • 고객서비스능력
정보능력	업무와 관련된 정보를 수집하고, 이를 분석하여 의미 있는 정보를 찾아내며, 의미 있는 정보를 업무수행에 적절하도록 조직하고, 조직된 정보를 관리하며, 업무수행에 이러한 정보를 활용하고, 이러한 제 과정에 컴퓨터를 사용하는 능력	• 정보수집능력 • 정보분석능력 • 정보조직능력 • 정보관리능력 • 정보활용능력 • 컴퓨터사용능력
기술능력	업무를 수행하는 데 도구, 장치 등을 포함하여 필요한 기술에는 어떠한 것들이 있는지 이해하고, 실제로 업무수행에 적절한 기술을 선택하여 적용하는 능력	• 기술이해능력 • 기술선택능력 • 기술적용능력
조직이해능력	업무를 원활하게 수행하기 위해 국제적인 추세를 포함하여 조직의 체제와 경영에 대해 이해하는 능력	• 국제감각 • 체제이해능력 • 경영이해능력 • 업무이해능력

자료 : 정철영 외, "직업기초능력에 관한 국민공통기본교육과정 분석", 한국직업능력개발원 연구보고서, 1998.

직업기초능력의 실태를 확인하기 위해서는 학생들이 가지고 있는 직업기초능력의 수준을 확인해야 한다. 국내의 연구에서 정철영(2000)은 직업기초능력으로 도출한 9개의 영역, 즉 의사소통능력, 수리능력, 문제해결능력, 자기관리 및 개발능력, 자원활용능력, 대인관계능력, 정보능력, 기술능력, 조직이해능력의 하위요소 각각에 대해 국민공통기본교육과정에서 설정한 기간인 10학년까지를 기준으로 하여 초등학교 수준–중학교 수준–고등학교 수준으로 구분하여 [표 7–8]과 같은 직업기초능력의 수준을 제시하였다.

| 표 7-8 | 고등학교단계의 직업기초능력 수준

영역	하위요소	고등학교단계의 직업기초능력 수준
의사소통능력	읽기능력	• 1,200자 이상의 기사문, 설명문, 창작문 등을 읽고, 요구하는 분량으로 관점별 요약이나 주제를 파악할 수 있다. • 동일 주제에 대하여 견해가 다른 글을 읽고, 내용의 신뢰성, 타당성, 차이점을 파악할 수 있다. • 다른 사람이 작성한 글을 읽고, 그 내용을 이해하며, 표현의 옳고 그름을 판별할 수 있다.
	쓰기능력	• 제시된 글을 읽고 목적하는 바를 요구하는 수준으로 구체화하여 제시할 수 있다. • 주어진 장면이나 상황에 따라 적절한 용어와 새로운 아이디어를 사용하여 문장으로 표현할 수 있다. • 독자, 주제, 목적이 분명하게 나타난 600자 정도의 글을 주고 대상 독자를 달리 제시했을 때, 그에 알맞게 어휘와 표현을 고쳐 쓸 수 있다.
	듣기능력	• 다른 사람의 이야기를 듣고 비판적으로 이해할 수 있다. • 한 주제에 대한 서로 다른 견해를 듣고 자신의 견해를 정리할 수 있다. • 어떤 상황에 대처하는 이야기 중 서로 상충되는 지시어를 듣고 질문할 수 있다.

	말하기능력	• 듣는 이의 수준에 따라 용어 선택, 비유, 강약, 표정 등을 조절하며 말할 수 있다. • 말하고자 하는 내용을 6하 원칙에 따라 논리정연하게 상대방에게 말할 수 있다.
	비언어적 표현능력	• 언어로 표현되지 않는 그림, 화면, 사진 등을 보고 그 내용 및 상황을 설명할 수 있다. • 언어적으로 표현하지 못하는 부분을 비언어적 표현으로 상대방에게 표현할 수 있다.
	외국어 읽기능력	• 주어진 중급 수준(1,250개 내외)의 외국어 문장을 읽고, 그 내용을 이해할 수 있다.
수리 능력	사칙연산 이해능력	• 자연수, 정수, 분수, 소수, 유리수, 무리수, 실수의 범위 내에서 사칙연산을 할 수 있다. • 집합의 연산법칙을 이해하고 계산할 수 있다.
	통계와 확률에 대한 계산능력	• 백분율, 평균, 표준편차, 산포도를 이행하고 구할 수 있다.
	도표해석 및 표현능력	• 주어진 내용을 분류 · 정리해서 표, 그림, 그래프 등을 통하여 도표를 작성할 수 있다.
문제 해결 능력	사고력	• 다양한 문제에 대해 논리적으로 창조적인 사고를 바탕으로 문제해결을 방안을 제시할 수 있다.
	문제인식능력	• 창의적인 사고를 바탕으로 문제를 인식할 수 있다.
	대안선택능력	• 문제 상황에 적합한 정보를 체계적으로 수집하여 창의적인 대안을 선택하고 적용할 수 있다.
	대안평가능력	• 대안 적용의 과정과 결과를 논리적으로 비판할 수 있다.
자기 관리 및 개발 능력	자기관리능력	• 삶의 목적을 정하고, 이를 설명할 수 있다. • 10년 후 자신의 자화상을 설명할 수 있다. • 삶의 목적을 달성하기 위해서 노력해야 할 사항을 열거할 수 있다.
	진로개발능력	• 자신의 적성, 흥미, 가치관에 맞는 진로계획을 세울 수 있다. • 자신이 갖고 싶은 직업에 종사하기 위하여 필요한 조건을 설명할 수 있다.
	직업에 대한 건전한 가치관과 태도	• 자신이 추구하는 직업이 국가, 사회에 어떠한 영향을 미치는지를 설명할 수 있다. • 직장생활에 필요한 기본적인 자세와 태도를 갖춘다.

자원 활용 능력	자원확인능력	• 주어진 과제를 수행하기 위해 필요한 자원을 확인하고 분석할 수 있다.
	자원조직능력	• 주어진 과제를 효율적으로 수행하기 위해 가용자원을 분류하고 조직할 수 있다.
	자원계획능력	• 주어진 과제 수행을 위해 수립된 자원 활용계획의 적합성을 판단할 수 있다.
	자원할당능력	• 과제 수행에 필요한 자원을 계획에 따라 할당하고, 그 적절성을 판단할 수 있다.
대인 관계 능력	협동능력	• 협동과제를 다른 사람과 함께 수행하는 데 있어서, 과정을 평가하고 각자의 역할과 책임을 다했는지를 평가할 수 있다.
	리더십능력	• 공동으로 수행해야 할 과제를 선정하고, 그 과제의 중요성과 필요성을 다른 사람에게 이해시키고, 적극적으로 참여하게 할 수 있다.
	갈등관리능력	• 갈등을 일으킨 사람에게 갈등상황을 정확히 설명하여 갈등을 해결할 수 있다.
	협상능력	• 협상을 위한 자신의 입장을 파악하고, 필요한 전략을 구사할 수 있다.
	고객서비스능력	• 고객을 위한 서비스를 이해하고, 서비스가 적절했는지를 판단할 수 있다.
정보 능력	정보수집능력	• 다양한 매체와 방법을 이용하여 얻고자 하는 정보를 신속하게 수집할 수 있다.
	정보분석능력	• 수집된 정보의 의미와 가치를 활용목적에 따라 분석할 수 있다.
	정보조직능력	• 수집된 자료를 목적에 따라 조직화할 수 있다.
	정보관리능력	• 수집된 정보를 DB로 관리하고, 이를 지속적으로 수정 · 보완할 수 있다.
	정보활용능력	• 주어진 과제 수행을 위해 필요한 정보를 목적에 맞게 선택 · 활용하고 이를 평가할 수 있다.
	컴퓨터사용능력	• 목적에 따라 다양한 소프트웨어를 적절히 활용할 수 있다.

기술 능력	기술이해능력	• 기술이 산업발달에 미치는 영향을 이해할 수 있다.
	기술선택능력	• 생활에서 활용되는 다양한 기술의 원리를 이해하고 비교할 수 있다.
	기술적용능력	• 기술의 적용이 필요한 과제를 선정하고, 적절한 기술을 적용할 수 있다.
조직 이해 능력	국제감각	• 주위에서 접할 수 있는 각종 매체를 통해 국제적으로 공감대가 형성되고 있는 이슈에 대해 설명할 수 있다.
	체제이해능력	• 주위에서 볼 수 있는 공공기관의 조직 및 구성원의 배치를 이해할 수 있다. • 학교 외의 기관이나 단체의 업무와 조직을 이해하고 참여할 수 있다.
	경영이해능력	• 학교 외의 다양한 기관이나 단체의 예산이 어떻게 운영되고 관리되는지 이해할 수 있다.
	업무이해능력	• 학교 및 가정생활 외의 타 조직 및 집단의 업무가 어떻게 이루어지는지를 설명할 수 있다.

자료 : 정철영, "직업기초능력 강화방안", 교육부정책보고서, 2000.

2. 직업기초능력 향상을 위한 수업모형

수업방법 중 문제 중심 학습(PBL: Problem Based Learning)은 배로우(Barrow, 1994)라는 의과대학 교수가 기존의 암기식, 강의식 수업의 부적절성을 인식하면서 경험적 틀에 의한 새로운 수업모형을 구상한 것이 출발점이었으며, 그 후 구성주의 학습이론과 결합되어 구성주의의 모호성을 극복한 구체적인 특성을 가지면서도 구성주의 학습원칙을 잘 실천하는 교수 · 학습모형으로 인정받고 있다. PBL모형이란 실제 상황을 중심으로 학문적 지식, 기술, 태도를 통합하는 교과과정인 동시에 높은 단계의 사고력과 실무대

처능력을 촉진적으로 발전시키는 교수 · 학습방법으로 문제해결능력, 관련 분야의 지식 · 기술의 습득, 자신의 견해를 분명히 제시, 설명, 옹호, 반박할 수 있는 능력 등을 키우는 것이 PBL의 목표이다. 다시 말해 PBL의 목표는 단순히 일련의 문제해결과정을 경험하는 것뿐만 아니라 개별학습과 팀학습을 통해 성찰적 사고와 활동능력을 키우는 것이다(박동열, 2005).

PBL은 첫째, 실제적인 문제해결행동, 자기주도적 학습능력, 내용지식 습득 그리고 메타인지기술의 개발을 목적으로 한다. 둘째, PBL은 실제로 생성된 문제를 기반으로 한다. 즉 문제해결학습(Problem-Solving Learning)처럼 해결방안이 정해져 있는 인위적 문제가 아니라 진정하고 현실적이며 복잡하고 다면성을 지닌 실제 생활과 관련된 문제를 다룬다. 셋째, 실제적 문제 제시방식은 학습자들이 문제를 받아들이고 주인의식을 가질 수 있도록 현실감 있는 방식으로 제시된다. 즉 학습자들이 무엇이 중요하고 그렇지 않은지에 대해 스스로 판단할 수 있도록 제시된다. 이러한 측면에서 일터에서 실제적인 직무수행의 상황 혹은 문제를 해결하는 능력과 관련된 직업기초능력의 학습을 위해 PBL이 매우 가치 있는 방안이 될 수 있다. 넷째, PBL과정에서 학습자들은 메타인지 수준에서 상호작용하게 된다. 즉 학습자들이 올바른 질문을 던지고 자신이 학습과정을 관리해나가는 일을 하게 된다. PBL에서 요구되는 직업기초능력과 구성주의학습과의 관계는 [그림 7-4]와 같다.

PBL에서 교수자는 학습자들이 자신의 의견을 표명하거나, 정보를 주거나, 정답으로 유도하는 일을 조심하고 학습자들이 문제해결을 돕는 촉진자의 역할을 한다. 다시 말해 교수자는 학습자를 가르치는 것이 아니라 학습자가 비판적으로 사고하는 기술, 자기주도적 학습의 능력, 문제와의 관계에서 내용지식을 개발하도록 지원하기 위해 존재한다. 교수자는 학습자의 지식 구성을 주입하기보다는 학습자의 사고 존중과 지원을 통해 스스로 지식 구성능력을 함양하도록 도와주게 된다.

한편 이무근 · 김용익(1997)은 학교수업을 위한 교수 · 학습방법 선정기준으로 12가지 요인을 제시하였고, 그 요인에 따라 교수 · 학습방법의 적합성을 제시하였는데, 이 결과에 기초하여 박동열 외(2006)가 다른 교수 · 학습방법과 PBL을 비교한 결과는 [표 7-9]와 같다.

| 그림 7-4 | 직업기초능력 향상을 위해 PBL에서 기대되는 능력

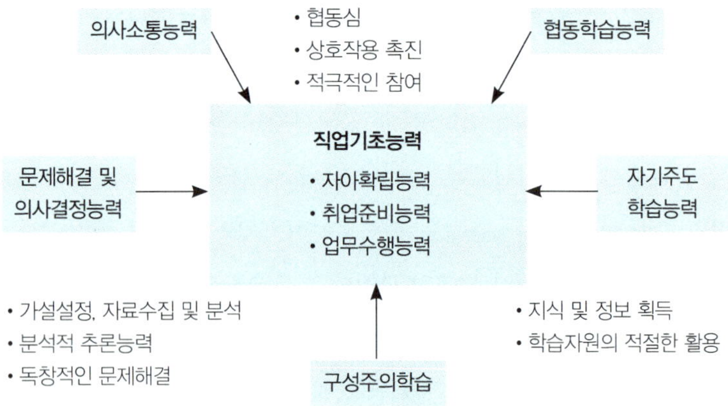

자료 : 박동열, "생애고용 가능성 제고를 위한 전문계 고등학교 학생 직업기초능력 향상 프로그램 개발 연구", 한국직업능력개발원 연구보고서, 2005.

| 표 7-9 | 교수 · 학습방법의 비교

학습목표 유형 \ 교수 · 학습 요인 및 방법			강의	협동 교수	토의	시범/시연	견학	시뮬레이션	역할 연기	문제 해결 학습	프로젝트	PBL	모듈식 수업
교수 · 학습 방법 선정 시 고려되어야 할 요인	정보이전		+	+								+	+
	문제해결 촉진				+				+	+	+	+	
	기술훈련					+		+	+			+	
	태도변화				+		+		+	+	+	+	+
	피드백 획득				+	+	+	+	+	+		+	+
	교사 통제		+	+	+								
	학생활동				+	+	+	+	+	+	+	+	+
	학습 규모		+	+								+	+
	개인차						+		+	+	+	+	+
	준비의 용이성		+	+									
	교수시간		+	+									
	이용할 수 있는 자원		+	+	+							+	
학습 목표 유형	인지적	KCA	+	+			+		+	+		+	+
		ASE	+	+	+		+	+	+	+	+	+	+
	정의적	RR			+	+	+	+	+	+		+	
		VOC			+			+	+		+	+	
	심동적	IM				+		+	+			+	
		PAN				+		+			+	+	

주 1) + : 장점

2) KCA : 지식, 이해, 적용, ASE : 분석, 종합, 평가, RR : 수용, 반응, VOC : 가치화, 조직력, 개별성, IM : 모방화, 조작력, PAN : 정확, 분석, 이입

자료 : 박동열 외, "실업계 고등학생의 직업기초능력 향상을 위한 문제중심학습의 효과", 농업교육과 인적자원개발, 38(4), 2006.

위 내용을 토대로 살펴보면 PBL은 문제해결 촉진, 기술훈련, 태

도변화, 피드백 획득, 학습자 중심의 교육적 접근, 자원의 효과적 활용 측면에서 탁월한 장점을 지니며 다양한 학습목표(인지적 · 정의적 · 심동적)의 달성에도 뛰어난 이점을 갖는다. 실제 직업현장에서는 자기주도적인 문제발견 및 해결능력, 고차원 수준의 비판적 사고능력, 동료 및 구성원들과의 협동활동능력 등이 절실하게 요구되는데, 이러한 직업활동을 위한 기본적 능력은 인지적 · 정의적 · 심동적 차원의 전인적 능력을 요구한다. 이러한 관점에서 보면 PBL은 실제 직업현장에서 요구되는 기본적 능력, 즉 직업기초능력 함양에 가장 적합한 교수 · 학습방법이 될 수 있다. 물론 PBL도 실천상에서 제한점을 갖고 있다.

가장 큰 제한점은 수업 전에 학습할 내용이 정해져 있고 절차화되고 구조화된 교육방식에 따라 교육활동을 전개하는 것에 익숙한 교사들의 거부감이다. 그리고 문제해결학습처럼 특정문제 자체의 해결과 그것을 풀기 위한 지식의 습득에 한정된 기계적이고 처방적인 방식이 아니기 때문에 교사가 자신의 지식과 기술을 학습자에게 강요하여 학습자의 자발적 학습능력을 저해할 가능성이 있다. 마지막으로 학습자의 수준이나 문제 상황에 따라 학습의 결과가 달라질 수 있으므로 상당히 전문적인 교사능력과 치밀한 준비가 요구된다(박동열 외, 2006).

일반적으로 PBL에서 교수 · 학습과정은 크게 PBL프로그램 개방단계, 진행단계, 종결단계 등 세 단계로 구분할 수 있다. 각 개발단계에 대한 내용은 [표 7-10]과 같다.

| 표 7-10 | PBL의 교수 · 학습과정

PBL단계	내용
프로그램 개발단계	• 관련 문제에 관한 다양한 사례를 연구, 문헌고찰내용 중에서 학습할 상황을 선택, 학습 상황에 적합한 시나리오를 작성, 실행하기 위한 현장 자료를 준비, 교수 운영지침서(instruction guide) 준비, 개발된 학습 교재를 평가 • 교수자가 고려해야 할 사항 : ① PBL과제를 선정, ② 학습목표 결정, ③ PBL과제에 대한 학습전략과 평가계획 검토, ④ 이에 따른 학습 자료 준비, ⑤ PBL과제를 위하여 인적자원, 물리적 환경, 필수 장비 이용계획 등 수업을 계획하고 준비
프로그램 진행단계	• 교수자의 역할 : ① PBL방식에 대한 소개 및 과제 소개, ② 학습자들의 학습 팀 구성 및 평가관련 내용 제시, ③ 주어진 과제 해결에 필요한 효율적 시간관리 및 이용 강조, ④ 다양한 학습 자원의 충분한 활용 및 탐색을 격려 및 지도, ⑤ 개인 학습과제 도출 및 진행 지원, ⑥ 개별학습시간뿐만 아니라 팀 학습과정 중에도 자기성찰적 사고와 활동을 적극적으로 권장 및 지도, ⑦ 팀 학습과정 중 상호작용이 활발하도록 지도, ⑧ 과정 관찰자 및 학습과정 관리자로서의 역할 수행, ⑨ 학습자들의 과제에 대한 피드백 제공, ⑩ 종합 정리
프로그램 종결단계	• 교수자의 역할 : ① 교수 및 과정에 대한 학습자들의 피드백 검토, ② 학습자들의 인지적 · 정의적 · 동기적 변화 및 발전 등에 대한 평가 실시 • PBL평가방법 • 과정 지향 평가(포트폴리오평가) : 튜너평가, 자기평가, 동료평가, 우회평가(접속 수) 등 • 결과 지향평가 : 개념도(concept mapping), 선다형 객관식 시험, 변형 논술문제 등

자료 : 박동열 외, "실업계 고등학생의 직업기초능력 향상을 위한 문제중심학습의 효과", 농업교육과 인적자원개발, 38(4), 2006.

3. 전문계 고등학교 통합교과와 PBL

전문계 고등학교 통합교과의 수업에서는 지식 · 기능 · 기술 향상을 위한 실험 · 실습을 통해 인지적 · 정의적 능력을 모두 발달시켜야 하므로 실험 · 실습활동을 통한 탐구학습은 매우 중요하다. 그러나 학교현장에서는 실험 · 실습활동을 통한 탐구학습이 제대로 이루어지지 않고 있는 경우가 많으며 실험 · 실습활동을 통한 탐구학습이 기계적인 학습에 그치고 있다는 지적이 많다. 학생 등은 교과서나 실험 안내서에서 지시하고 있는 순서대로 기계적으로 실험 · 실습에 임하고 있어 개념이나 원리, 이론을 명확하게 깨닫지 못한 채로 학습을 마치게 된다. 이에 기계적인 학습의 실험 · 실습활동을 유의미한 학습으로 전환하기 위해 실험 · 실습을 통해 개념의 습득을 도와주며 인지적 · 기능적 · 정의적 영역 모두를 발달시킬 수 있는 수업모형의 개발이 필요하다.

전문계 고등학교 통합교과의 실습수업에 적용할 PBL에 의한 수업모형은 문제해결과정인 계획, 실행, 평가의 3단계가 유기적으로 상호작용하는 문제해결과정으로 제시되고 있다(김익수 외, 2006). 즉 학습동기유발, 문제인식 및 문제해결방법을 결정하는 계획단계, 실행계획을 실천하며 실습을 통한 기능을 습득하고 성취 및 체험하는 실행단계, 조별 발표 및 결과를 분석하는 평가단계가 반복적으로 상호작용하여 문제를 해결하는 과정이다.

PBL에 의한 수업에서 전문계 고등학교 학생들이 해결해야 할 문제 자체는 발명, 설계, 고장수리, 절차와 같은 기술적 과제가 되며 교사가 제시한 문제를 학생들은 자기주도적 개별학습과 협동학습을 통해서 해결하고 이 과정에서 교사의 질문으로 구성된 안내와 조력이 수업방법에 중요한 요인이 된다. 따라서 PBL에 의한 수업이란 교사가 제시한 문제를 학생들이 자기주도적 개별학습과 협동학습을 통해 계획, 실행, 평가 등의 문제해결과정을 거쳐 문제를 해결해가는 학습자 중심의 수업형태를 의미한다. 이를 토대로 임정훈(2003)이 제시한 커뮤니티 기반 PBL의 구조와 내용체계에서 제시한 PBL에 의한 수정모형은 [그림 7-5]와 같다.

| 그림 7-5 | PBL모형의 구조와 내용체계

단계	학습자활동	교수자활동
사전활동 • 학습준비 • 팀 구성	• 문제중심학습 이해 • 역할 및 협동기술 이해 • 자기소개	• 문제중심학습 소개 • 학습자 역할 소개 • 우호적 분위기 조성 • 모둠 구성
문제 제시 • 문제파악 • 목표수립 • 역할인식	• 문제 인식 (또는 문제 생성) • 학습목표 인식 • 평가방법 이해	• 문제 제시 (또는 문제 생성 지원) • 학습목표 구체화 • 평가방법 안내 및 피드백
문제해결계획 • 해결계획 수립 • 개별역할 설정	• 하위과제 도출 • 해결계획 수립 • 개별 역할 설정 및 분담	• 해결계획표 제시 • 해결계획 수립방법 안내 • 해결계획 피드백
자기주도적 개별학습 • 개별학습계획 • 개별학습탐색 • 개별학습정리	• 개별학습계획 수립 • 개별 자료 탐색 · 정리	• 개별활동표 제시 • 개별계획 조언 • 개별활동 피드백
협동학습 및 문제해결 • 모둠논의 • 문제해결	• 협동적 모둠논의 • 다양한 의견수용 • 문제해결안 제안 및 검증 • 문제해결	• 문제해결 모색표 제시 • 문제해결 피드백

단계	학습자 활동	교수자 활동
결정 정리 · 발표 • 결과물 정리 • 결과물 발표 • 결과 피드백	• 결과물 정리 • 결과 발표 • 상호 피드백 · 토론	• 발표지침 제시 • 모둠별 상호작용 촉진 • 과제해결 결과물평가
반추 및 평가 • 자기학습능력평가 • 협동학습평가 • 학습과정반추	• 자기학습능력평가 • 협동학습능력평가 • 반추노트 정리	• 개인활동평가 • 협동학습활동평가 • 반추노트 피드백

자료 : 임정훈, 교실수업 사이버학습 연계의 커뮤니티 기반 교수 · 학습모형, 한국교육학술정보원, 2003.

직업계 고등학교 현황 사례

사례 1

공부하며 쇼핑몰 운영하는 '또순이' 여고생들
[탐방] 서울여상 '학교기업' 동아리 쇼핑몰 마이트라

아침에 등교해 수업을 듣고 쉬는 시간 틈틈이 '경영 회의'를 한다. 방과 후에 선생님들과 어떤 옷이 잘 팔릴지 논의하고, 옷 사진을 찍어 인터넷 쇼핑몰에 올린다. 새벽에 동대문시장에 가서 물건을 직접 공수해 오기도 한다. 또래 인문계 고등학생들이 '묻지마 공부'에 몰두하는 하루. 서울 관악구에 위치한 83년 전통의 서울여자상업고등학교(교장, 한상국) '학교기업' 동아리 학생들의 남다른 하루 일과다.

이 학교에서 운영하는 의류 쇼핑몰 마이트라(mytra.sys.hs.kr)의 인터넷 주소에는 고등학교를 의미하는 최상위 도메인인 'hs.kr'이 찍혀 있다. 말 그대로 '학교기업'이다. '학교기업'은 교육과학기술부와 한국산업기술재단이 교육과정과 관련된 상업행위를 시행하는 대학, 고등학교에 사업자금을 지원하는 사업이다.

서울여상은 지난 해 이 사업에 선정돼 2008년 2억 5천만 원, 2009년 3억 5천만 원의 지원을 받았다. 이 지원금으로 인터넷 비즈니스, 금융정보, 국제통상 등 3개 학과에서 무역, 비즈니스, 웹디자인, 포토샵, 사진촬영 등을 전자상거래에 접목시켜 15명의 학교기업 동아리 학생들이 실제 쇼핑몰을 운영토록 하고 있다.

학교기업 동아리 임정현 지도교사(전산)는 "실업계 특성화의 꽃은 학교기업이다. 인문계와 달리 실업계는 부산물이 나온다"고 특수성을 강조했다. 이 학교는 온라인 쇼핑을 통해 수면양말, 고교 졸업가운 등을 6개 학교에 판매하며 틈새시장을 공략해 지난 해 1억 원 가량의 수익을 냈다.

올해는 학생들을 위한 의류 브랜드 '01e18(01e18.com)'을 열 계획이다. 이 학교는 쇼핑몰을 운영하고 싶은 학생을 모집해 지난 해에 1인당 200만 원씩 지원했다. 학생들은 독립 도메인에서 개별적으로 쇼핑몰을 운영한다.

마이트라에 몰인몰 형태로 입점하기도 한다. 수익금은 전액 학교의 장학금 및 학교기업 운영자금으로 쓰인다. 고등학생들에게 상당한 거금인 200만 원으로 자기사업을 할 수 있는 기회인데 경쟁이 치열하지 않을까? 대답은 '아니오'다. 힘들다는 것을 알기 때문에 지원자가 많지 않다고. 어디까지나 본분은 학생이기 때문에 공부하면서 직접 물건을 사입하고 포토샵 작업을 통해 상품을 올리기란 여간 쉬운 일이 아니다.

작년에 쇼핑몰을 운영하고 지금은 학업에 집중하고 있다는 이소영 양(3학년)은 "처음 시작했을 때는 이렇게 어려울 줄 몰랐다. 열심히 하면 된다고 생각했는데 말이 쉽지 정말 어렵더라"며 "보람도 많았지만 다른 쇼핑몰 운영하는 이들은 전업으로 하는데 학교 끝나고 동대문시장 가서 사입하는 게 힘들었다"고 토로했다.

마이트라의 상품기획을 맡고 있는 원혜정 실장은 "학생들이 '또순이'다. 또래 아이들과 다르다. 회계, 영수증 처리 등을 해보지 않아 어려울 텐데도 확실하게 처리한다"며 "학생들은 이 과정을 통해 각자 상황을 통제할 수 있는 능력을 배양하게 된다"고 말했다. 쇼핑몰 운영은 학생 자율에 맡긴다. 지도교사에게 예산 집행 영수증 보고를 하면 된다. 주문이 들어오면 사업 대행업체를 통해 물건을 확보하든 직접 동대문에서 떼어 오든, 전적으로 'CEO(최고경영자)'의 판단이다. 마진율을 높이려는 학생은 직접 동대문으로 간다.

교사들도 '고충'을 겪는다. 학생들이 수업을 병행하듯, 교사들도 수업과 동아리 지도를 같이 맡는다. 오전 7시에 출근해 학생 지도하고 '네시 이후는 회사원'이라고. 학생들과 상품을 기획하고 영수증 처리 등 '문서 플레이'에 바쁘다. 이동언 교사(중국어)는 "전에 '터치'를 해봤는데 학생들 표정이 안 좋더라. '안 예뻐, 그거 하지 마'라고도 지시하기도 했는데 알아서 잘 하더라"며 "애들도 마찬가지로 힘들다. 내 과목의 성적이 좋지 않은 경우가 있는데, 힘든 걸 아니까 뭐라고 할 수도 없고 난감하다"며 웃었다.

동아리 학생들 중에는 졸업 후 쇼핑몰을 운영하고 싶어하는 이들도 있지만 여느 학생들처럼 진학이나 취업에 관심 있는 학생들이다. 이들에게 쇼핑몰 운영은 생업이 될 수 있는 것이면서 그렇지 않더라도 과정을 통해 삶의 한 방법을 들여다 보는 '학습과정'인 셈이다.

임정현 교사는 "교육을 1년 시킨 다음 혼자 운영하는 시스템이었는데 너무 힘들어 했다. 앞으로는 6명씩 조를 짜서 역할 분담하는 시스템으로 바꿀 것"이라고 말했다. 대입'이라는 절대 명제에 예속돼 사교육에 막대한 돈을 들여가며 '수동적인' 인재 양산을 위해 질주하는 듯한 인상을 주는 것이 오늘날의 교육이다. 교문을 나서며 사람들의 시선이 많이 쏠리지 않는 실업계 고등학교에서 학생들의 의사를 존중하고 독립심과 자율성을 키우는 '전인교육'이 이뤄지는데 국고가 제대로 쓰이고 있다는 생각이 들었다.

자료 : 아이뉴스24, 정병묵 기자, 2009년 6월 3일

사례 2

산업역군, 전문계고가 다시 뛴다 : 비즈니스 특성화고

비즈니스 분야 특성화고교로 지정된 서울여자상업고등학교와 선화여자상업고등학교는 자유무역협정(FTA) 등으로 갈수록 중요성이 높아지고 있는 국제무역과 비즈니스 분야 여성 전문인력을 양성하고 있다.

우리나라 경제 중심지인 서울과 국제비즈니스 도시로 발돋움하고 있는 인천에 인접한 지역적 특성에 따라 지역전략산업 및 기업에 맞는 맞춤형 교육에 힘쓰고 있다.

금융 · 통상 전문가를 키워낸다

80년이 넘는 전통과 역사를 자랑하는 서울여자상업고등학교(교장, 한상국)는 지난 2005년 국제통상 및 금융정보 분야 특성화고교로 지정되면서 새롭게 도약하고 있다.

서울여상은 수요자(산업체 · 학생 · 학부모) 요구를 반영한 학생 선택중심형 교육과정을 운영함으로써 통상, 금융, e-비즈니스 분야 고급 전문인력 양성을 목표로 하고 있다.

서울여상이 특성화고로 개편한 배경은 국가 간 FTA 체결, 개방화 · 국제화 가속화 등에 따른 국제통상과 금융의 중요성이 증대된 데 따른 것이다.

서울여상은 지역 밀착형 교육과정 운영이라는 계획 아래 서울시, 인천광역시, 경기도 등 서울 및 수도권 전략산업과 연계한 교육과정을 편성해 운영하고 있다. 특히 특성화고사업과 산학협력우수전문계고 지원사업의 결합으로 시너지효과 극대화를 노리고 있다.

서울여상 이창우 교사는 "지난 2000년부터 현재까지 산업체 20개 회사, 8개 대학, 9개 연구소 및 특성화관련 협회 등 총 37개 기관과 산학협력을 체결했다"며 "이를 통해 위탁연수, 산학겸임교사 위촉, 산업체 현장실무교육 등 차별화된 교육기회를 제공하고 있다"고 설명했다. 현재 서울여상은 산학협력프로그램에 따라 국제통상, 금융, IT, e-비즈니스와 관련한 교사 · 학생 위탁연수를 지속적으로 실시하고 있으며, 특성화 분야의 산학겸임교사를 위촉해 6시그마, 벤처창업, 마케팅, 국제무역사 등의 교육을 진행하고 있다.

동북아 비즈니스 중심도시 인천의 핵심인력 공급

인천에 위치한 선화여자상업고등학교(교장, 양회룡)는 학교가 위치한 인천지역이 동북아 비즈니스 중심도시로 발돋움하면서, 올해 지역산업과 밀접한 항공 및 무역 분야에 특화된 비즈니스 분야 특성화고로 전환했다. 인천이 국제비즈니스, 금융, 물류 기반 국제도시로 성장해가는 데 따른 환경변화를 고려해, 앞으로 인천지역 내에 비즈니스관련 산업에 필요한 전문인력의 수요가 확대될 것으로 예상했기 때문이다.

선화여상은 2009학년도부터 항공 비즈니스과, 미디어 비즈니스과, 국제경영과로 학과를 개편했다. 특성화고 전환 첫 해부터 우수한 신입생이 입학하면서 향후 발전에 대한 기대감이 커지고 있다.

중학교 내신 백분율 70% 이내 학생을 뜻하는 우수학생 유치율이 지난해 2.9%에서 올해는 8.8%로 크게 높아졌다.

특성화고 전환과 함께 새로운 교육과정으로 전문계고의 변화를 선도하고 있는 선화여상을 알리기 위해 오는 2학기부터 인천비즈니스고등학교로 교명을 변경할 예정이다. 인천대 캠퍼스 이전계획과 맞물려 2011년에는 학교를 이전해 새로운 교육환경을 갖추게 된다.

선화여상은 특성화고 목적에 부합하는 차별화된 교육과정을 운영하고 있다. 아침 수업시간 전 20분 정도 시간을 할애해 '비전시간'을 갖고 있으며, 학생들의 국제감각 배양을 위해 중국 · 일본 · 홍콩 · 싱가포르 등 주변 국가를 방문하는 '비전 스터디 투어 프로그램'을 제공하고 있다.

또 실물경제 체험을 통한 비즈니스 마인드를 심어주기 위해 △학생기업 △학교기업 △창업아이디어 경진대회 등을 진행하고 있다.

선화여상 서영주 교사는 "학생들의 소질과 적성을 계발하기 위한 프로그램과 산업체현장 요구를 반영하기 위한 노력이 외부 경진대회에서 성과로 나타나고 있다"며 "올해 인천지방 기능경기대회에서 정보기술 부문 우수상을 수상했고, 지난해에도 전산회계 경진대회 프레젠테이션 부문 은상을 수상한 바 있다"고 말했다.

자료 : 전자신문, 권건호 기자, 2009년 5월 7일.

사례 3

u헬스케어 · 의료IT 특성화 고교 생긴다
영락 유헬스고 · 은평 메디텍고 내년부터 교육

각각 125명 · 200명 모집…전문인력 양성 목표

U헬스케어와 의료IT 분야의 전문인력 양성을 위해 영락여자상업고

등학교와 은평 웹미디어 고등학교가 이 분야의 특성화 고등학교로 지정돼 내년부터 전문인력을 양성하게 된다.

3일 이대우 서울시교육청 장학사는 "앞으로 유망할 것으로 예상되는 u헬스 분야의 인재양성을 위해 특성화 고등학교를 지정했다"며 "현재 전문교육과정을 만들고 있으며 내년 3월 특성화 고교를 통한 교육을 시작할 것"이라고 말했다.

영락여자상업고등학교와 은평 웹미디어 고등학교는 내년부터 각각 영락 유헬스 고등학교와 은평 메디텍 고등학교로 학교명을 변경하고 학생모집과 교육을 시작한다. 영락 유헬스고등학교는 유헬스 시스템과 3학급, 유헬스 미디어과 2학급 등 125명의 학생들을 u헬스케어 전문인력으로 양성하기로 했다.

또 은평 메디텍 고등학교는 의료전자기기과 3학급, 의료정보시스템 2학급, 웹콘텐츠디자인과 3학급 등 총 200여 명의 학생을 선발해 교육할 방침이다. 현재 이들 학교와 교육청 등은 학생들을 교육할 전문 커리큘럼과 학사일정 등을 만드는 작업을 진행하고 있다.

이와 관련해 이들 학교는 관련 대학 학과와의 협력도 추진한다는 계획이다. 한국보건산업진흥원은 지난 3월 발표한 u헬스케어시장 규모 추계'를 통해 2008년 7,424억 원 규모였던 u헬스케어시장이 오는 2015년에는 2.3조 원 규모로 대폭 성장할 것을 예고했다.

이에 따라 전문가들은 그동안 u헬스케어 산업 성장을 뒷받침하기 위한 전문인력 양성이 필요하다고 강조해왔다.

자료 : 디지털 타임스, 강진규 기자, 2009년 5월 3일.

참고문헌

경상북도 교육연구원(1996), 삶의 지혜를 배우는 논술산책, 경상북도 교육연구원.

곽형식 외 공저(1996), 수업의 이론과 실제, 중앙적성출판사.

권혁규(1997), 협동학습에서 선행학습 수준에 따른 집단보상과 개인별 향상 점수제가 학업성취에 미치는 효과, 경북대학교 교육대학원.

교육부(1995), 고등학교 실업계 교육과정 해설-상업계열.

교육부(2001), 고등학교 교육과정해설.

교육부(1997), 상업계열 고등학교 전문교과 교육과정.

교육부(1997) 상업계열 고등학교 전문교과 교육과정.

교육부(1997), 고등학교 공통사회(上) 교사용 지도서, 대한교과서 주식회사.

교육인적자원부(2007), 2007년 개정 교육과정 개요.

교육인적자원부, 교육통계연보, 2003-2006.

교육인적자원부(2001) : 광주광역시 교육청, 교육부 고시, 제1997-15호, 고등학교 교육과정 해설, 총론.

교육부, 국회입법조사처 제출자료, 2017.10.25.

김경배 · 김재건 · 이홍숙 공저(2005), 교과교육론, 학지사.

김대현(1994), Hirst의 지식과 교육과정, 교육과학사.

김대현 · 김석우(1997), 교육과정 및 교육평가, 학지사.

김수천(1989), 존 듀이의 교과관 연구, 서울대학교 대학원 박사학위논문.

김수천(2003), 교육과정과 교과, 교육과학사.
김순택 외 6인 공저(1981), 현대교수원론, 교육과학사.
김승호(1996), 스콜라주의 교육목적론, 서울대학교 대학원 박사학위논문.
김영규(2008), 사회과 수업모형을 활용한 통합논술 지도 방안, 인천대학교 교육대학원 석사학위논문.
김영정(2006), 철학과 현실, 제69호, 철학문화연구소.
김월룡(1997), 비판적 사고 신장을 위한 논쟁적 문제의 교수-학습 방안 연구, 제주대학교 교육대학원.
김종건(1997), 자유교육연구, 협신사.
김종량(1991), 교육공학: 수업공학 이론과 실제, 문음사.
김종철(1987), 교육행정의 이론과 실제, 교육과학사.
김진익(2007), 효율적인 첨삭지도 방법, 통합 교과형 논술, 무엇을 어떻게 지도할 것인가, 경기도 교육청 장학자료.
김헌수(2007), 교과교육의 이론과 실제, 동문사.
나승일 · 최유현 · 김종우(2003), 기초직업 능력 영역 설정 및 표준개발, 한국산업인력공단 연구보고서.
대한상업교육학회(1999), 상업교육 100년사.
류승혜(1998), 사회과 문제해결학습에서 신문 활용 학습이 학업성취에 미치는 효과, 서강대학교 교육대학원 석사학위논문.
류태열(2008), 전문계 고등학교 통합교과에서 문제 중심학습이 학습자의 자기 주도적 학습능력과 직업기초능력에 미치는 효과, 인천대학교 교육대학원 석사학위논문.
문교부(1998), 고등학교 실업계 교육과정 해설 : 상업계열.
문병두(1999), 상업계 고등학교 교육과정의 합리적 개선방안에 관한 연구, 강원대학교 교육대학원 석사학위논문.
박동열(2005). 생애고용가능성 제고를 위한 전문계 고등학교학생 직업기초능력 향상 프로그램 개발 연구, 한국직업능력개발원 연구보고서.

박동열 · 이성덕 · 김종오 · 조경희 · 강경심 · 박윤희 · 김대영(2006), 실업계 고등학생의 직업 기초능력 향상을 위한 문제중심학습의 효과, 농업교육과 인적 자원개발.

박상준(2007), 사회과교육의 이론과 실제, 교육과학사.

박성익 · 임철일 · 이재경 · 최정임(2003), 교육방법의 교육공학적 이해, 교육과학사.

배장오(2008), 교과교육론, 서현사.

상업교육 100년사(1999), (사)대한상업교육회.

서울대학교 교육연구소 편(1994), 교육학용어사전, 하우출판사.

서울대학교 교육연구소 편(1999), 교육학 대백과사전, 하우동설.

서울대학교 입학관리본부, 2008.

서울대학교 입학관리본부, 모의 논술고사 결과 공지, 2004.

서울대학교 입학관리본부, 2008학년도 정시모집 논술고사, 문항설명 및 채점 총평, 2008.

손희경(2007), 상업교육의 개선방안에 관한 연구, 신라대학교 교육대학원 석사학위논문.

신중식 · 조정윤 외(1998), 국가기술자격 이외의 국가자격취득자에 대한 학점 인정 방안 연구, 한국직업능력개발원.

우한용(1996), 논술의 실용성과 이념적 의미, 교육진흥원.

유광찬(1994), 교육과정 및 교육평가, 교육과학사.

이광호(1994), 미래지향적인 미국의 학교 경제교육, 한국교육개발원.

이도희(2007), NIE를 활용한 논술지도 방법, 경기도교육청 장학자료.

이돈희(1998), 교과교육학 탐구, 교육과학사.

이무근 · 김용익(1997), 공업고등학교 공업교사의 직무수행을 위한 교육요구 분석, 대한 공업교육학회지.

이진혁(2007), 경제교과 체험식 수행평가에 관한 연구, 부산외국어대학교 교육대학원 석사학위논문.

이용순 · 박동열 · 최동선 외(2012), 특성화고 전문교육 강화를 위한 초 · 중등학교 교육과정 총론 개정 시안 개발 연구, 교육과학기술부 · 한국직업능력개발원 2012-44.

이홍우(1975), 교과교육의 원리, 정범모, 정원식(편), 교과교육의 원리, 교과교육전서. 능력개발사.

이홍우(1997), 지식의 구조와 교과, 교육과학사.

이홍우(1997), 교육과정 탐구, 박영사.

이현호(2002), 상업정보 교육과정 모형개발에 관한 연구, 신라대학교 대학원 석사학위논문.

인천광역시 교육과학 연구원(1999), 창의력 신장을 위한 수준별 논술 학습자료, 인천광역시 교육과학연구원.

임정훈(2003), 교실수업 사이버학습 연계의 커뮤니티 기반교수 · 학습 모형, 한국교육학술정보원.

정문정(2004), 정보화시대의 상업정보교육이 문제점과 개선방안, 조선대학교 대학원 석사학위논문.

정인석(1987), 신교육학개론, 교육출판사.

정철영 · 나승일 · 서우석 · 송병국 · 이종성(1998), 직업기초능력에 관한 국민공통 기본 교육과정 분석, 한국직업능력 개발원 연구보고서.

정철영(2000), 직업기초능력 강화방안, 교육부 정책 연구보고서.

조은영(2004), 현대 우리나라 사업교육의 위기 진단과 대응방안, 경성대학교 대학원 석사학위논문.

전숙자(2007), 사회과 교육의 새로운 이해(제4판), 교육과학사.

진영은 · 조인진(2001), 교과교육의 이해, 학지사.

차경수(2000), 21세기 사회과 교육과정과 지도법, 학문사.

하만호(2002), 상업교육의 활성화 방안에 관한 연구, 경기대학교 교육대학원, 석사학위논문.

한철우 · 성낙구 · 박영민(2003), 사고와 표현 : 작문 워크숍과 글쓰기.

황정규(1984), 학교 학습과 교육평가, 교육과학사.

http://ncic.re.kr/ 국가교육과정정보센터(2015~2019)

Barrows, H. S.(1994), *Practice-based learning: Problem-based learning applied to medical education*, Spring, IL: Southern Illinois University Medical School.

Bloom, B. S., et al.(1956), *Taxonomy of Educational Objectives: Hand book I: Cognitive Domain*, New York: David McKay Co. Inc.

Bruner, J. S.(1960), *The Process of Education*, New York: Vintage Books.

Callahan, J. F. & Clark, L. H.(1977), *Teaching in the Secondary School*, New York: Macmillan Publishing Co, Inc.

Cole, P. G. & Chan, L. K., *Teaching Principles and Practice*, NY: Prentice Hall; 권낙원(역)(1994), 수업의 원리와 실제, 성원사.

Dewey, J.(1902), *The child and the curriculum and the school and society*, Chicago: The university of Chicago Press.

Dewey, J.(1916), *Democracy and education*, NY: Macmillan; 이홍우(역)(1991), 민주주의와 교육, 교육과학사.

Gagne, R. M. & Briggs, L. J.(1974), *Principles of Instructional design*, New York: Holt Reinhart and Winston.

Glaser, R.(1962), *Psychology and Instructional Technology*, In R. Glaser(ed.), Training Research and Education, Pittsburgh: University of Pittsburgh Press.

Henderson, K. B.(1965), Uses of subject matter. In B. O. Smith & R. H. Ennis(eds), *Language and concepts in education*, Chicago: Rand McNally.

Hirst, P. H.(1970), *The Logical and Aspects of Teaching a Subject*,

The concept of Education, R. S. Peters(eds.), London: R. K. P.

Hirst, P. H. & Peters, R. S.(1970), *The Logic of Education*, London : Routledge & Kegan Paul.

Kemp, J. E.(1985), Instructional design, CA: Fearon Publishes Inc.

Mahood, W., Biemer, L., Lowe, W. T.(1991), *Teaching Social Studies on Middle and Senior High Schools*: *decision*! *decision*!, NY: Maxwell Macmillan International Pub. Group.

SCANS(1992), *Learning an living: A blueprint for high performance*, Washington, D.C.: U.S. Department of Labor.

Scriven, M.(1967), The Methodology of Education, R. W. Tyler, R. Gagne & M. Scriven(eds.), *Perspectives on Curriculum Evaluation*, AERA Monograph Series on Curriculum Evaluation, No. 1, Chicago: Rand McNally.

Peters, R. S.(1966), *Ethics and Education*, London: George Allen and Unwin.

Tyler, R. W.(1950), *Basic Principle of Curriculum and Instruction*, Chicago: The university of Chicago Press.

찾아보기

| 저자 소개 |

권미영

서울여자대학교 경영학과 초빙교수
서울여자대학교 대학원 경영학 석사 및 박사
성결대학교 경영학과 객원교수
배화여자대학교 경영학과 겸임교수 역임
삼육대, 광운대, 숭실대, 한양여대 강사 역임

〈주요 저서 및 논문〉

- 품질경영, 북코리아, 2004
- 현대기업경영론, 무역경영사, 2008
- 서비스경영, 삼영사, 2009
- 상업교재연구 및 지도법, 도서출판 청람, 2019
- 패밀리레스토랑의 서비스품질이 고객만족과 재방문의도에 미치는 영향에 관한 연구, 경영교육저널, 2013
- 우체국 서비스품질요인이 고객만족과 재구매의도에 미치는 영향에 관한 연구, 경영교육저널, 2012
- 백화점 서비스품질요인이 고객만족과 재구매의도, 추천의도에 미치는 영향에 관한 연구, 경영교육저널, 2012
- 내부서비스품질이 내부고객만족과 기업성과에 미치는 영향에 관한 연구, 경영교육저널, 2011
- 의료서비스품질요인이 서비스가치와 고객만족에 미치는 영향에 관한 연구, 경영교육저널, 2010
- 의원급병원의 서비스 접점 요인이 고객만족과 재방문의도에 미치는 영향에 관한 연구 대한경영학회 학술발표대회 발표논문집, 2010
- 의료서비스품질요인이 서비스가치와 고객만족에 미치는 영향에 관한 연구, 대한경영학회 학술발표대회 발표논문집, 2009

상업교육론

2019년 6월 25일 1판 1쇄 인쇄
2019년 6월 30일 1판 1쇄 발행

저 자 | 권미영
발행인 | 이수영
발행처 | 도서출판 청람
서울시 마포구 독막로 288(대흥동, 세양상가 109호)
전 화 | 02)3272-2601(대)~2
팩 스 | 02)3272~2603
이메일 | crbooks@daum.net
홈페이지 | http://www.crbooks.co.kr
등 록 | 2000년 8월 26일 제6-0509호

ISBN 978-89-5972-705-6 93370 [정가 17,000원]